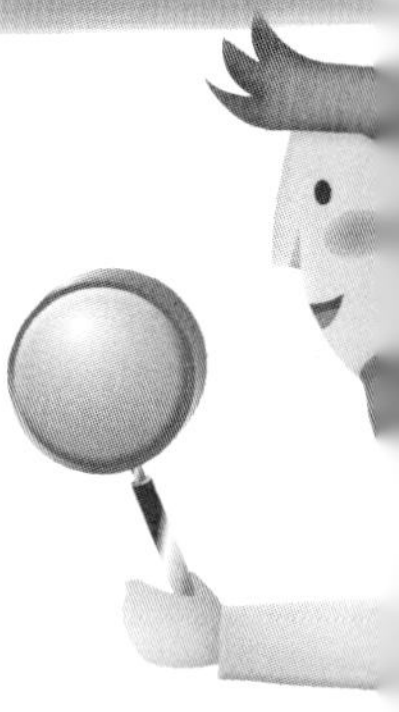

非問不可

提升口語表達能力的課文提問教學

潘麗珠　總策畫

潘麗珠、許文姿、廖惠貞、黃志傑、

葉書廷、陳恬伶、林麗芳　合著

五南圖書出版公司 印行

編撰委員簡介

潘麗珠 教授 總策畫

學歷：國立臺灣師範大學國文研究所文學博士

任職：國立臺灣師範大學文學院國文學系教授

經歷：熱愛文學的教育工作者，古典詩詞、新詩、散文皆有創作，推動詩歌吟誦不遺餘力！曾任臺灣師大人文教育研究中心主任、教育部語文領域第三階段教科用書審查委員、國立編譯館（部編本）國小國語組編審委員、教育部「九年一貫語文領域第三階段國文學科詩歌吟誦創意教學行動研究」計畫主持人、國科會「國中教師課程意識及教學實踐之研究」計畫主持人，二〇〇四年二月獲教育部創造力中程計畫「最佳創意教師獎」第二名、二〇〇四年擔任台北市中小學國語文教師輔導團之輔導教授，二〇〇〇年開始擔任教育部中央輔導團輔導教授，二〇〇四～二〇〇五年荷蘭萊頓大學訪問學人、二〇〇四年三月及二〇〇六年九月應新加坡教育部之邀，擔任新加坡中小學華語創意教學研討會的大會主講嘉賓、二〇〇九～二〇著作：一○年韓國啟明大學客座教授、二○一一年二月至七月新加坡華文教研中心客座教授。《現代詩學》、《古韻新聲：潘麗珠吟誦教學》、《經典語文教學》、《統整課程的探討與設計》、《國語文教學有創意》、《國語文教學活動設計》、《雅歌清韻：吟詩讀文一起來》、《台灣現代詩教學研究》、《清代中期燕都梨園史料評藝三論研究》、散文集《青春雅歌》、《我的玉玩藝兒》等等。所策畫編撰的《圍攻錯別字》，獲第59梯次好書大家讀／知識性讀物組、獲二○一一年新聞局推薦青少年優良讀物。

許文姿

學歷：國立高雄師範大學國文系、國立臺灣師範大學國文系四十學分班

任職：新北市福和國中

經歷：95年GreaTeacher全國創意教學獎
95年新北市師鐸獎
98年天下雜誌閱讀典範教師
96～101年國家教育研究院資料館教學影片製作委員

廖惠貞

學歷：國立臺灣師範大學四十學分國文研究所畢業

任職：新北市福和國中

經歷：95年新北市Supper教師
96～100年新北市詩歌比賽客語組特優
96～100年客語繪本特優

黃志傑

學歷：國立臺灣師範大學國文系碩士、博士候選人
任職：新北市明德高中
經歷：99年臺北大學師資培育中心「中等學校各課程領域創意教學方案比賽」第一名
100年臺灣大學師資培育中心主辦之「第四屆臺大Super教案獎」第三名

葉書廷

學歷：國立臺灣師範大學四十學分國文研究所
任職：新北市新埔國中
經歷：99年GreaTeacher全國創意教學獎
99年學校閱讀磐石獎

陳恬伶

學歷：國立臺灣師範大學國文研究所教學碩士
任職：新北市江翠國中
經歷：97年全國國中閱讀評量命題競賽特優
99年教育部教學卓越獎
101年新北市特殊優良教師（師鐸獎）

林麗芳

學歷：國立臺灣師範大學國文研究所
任職：新北市江翠國中
經歷：新北市國語文朗讀瑞芳區賽第一名、板土區第二名
99年教學卓越獎

推薦序

Preface

潘麗珠教授與新北市國中——本國語文輔導小組陳恬伶等六位老師集體編寫的《非問不可——提升口語表達能力的課文提問教學》出版了，希望這本書能夠為「重讀寫、輕聽說」的國文教學帶來改善的新契機。

提問教學法是眾所熟知的傳統教學法，蘇格拉底的「產婆術」更為人人所樂道：但是，為什麼臺灣的國文教學現場還是充斥著「老師講、學生聽」的講述法，很少看到討論教學、發表教學、啟發式教學或問答教學呢？究其原因，在於使用講述法，只要具有相當的國學素養，加上用心準備教材，就可以教得有模有樣；而其他的方法則不能只靠國學素養「登臺授課」；尤其是「問答教學法」，明知學生能夠因而提高「思辨能力」、訓練「口語表達能力」，卻苦於沒有可資遵循的途徑，沒有可供參閱的範例，恐怕「吃力不討好」，不如講述教學來得穩當、簡便。

這本《非問不可——提升口語表達能力的課文提問教學》，不但指出「問答教學法」的途徑，也提供了十三篇國中國文教材的問題設計，每個問題都有參考答案，朗讀示範還附有教學投影片。有心要「提高語文程度、活化語文教學」，想要「幫助學生認識自己、開發學生心靈潛能」的國文老師們，在參閱此書之後，就可以「底氣」十足的放手一搏、放心去做了！

生動活潑的教學法最忌死板，每堂課都用講述法固然是死板的教學，要增進學生的邏輯思維力，要啟發學生主動解決問題的智慧，也不是只有單純（不複合其他方法）的「問答教學法」；在國文教學過程中，可以交錯的使用講述、問答、討論、發表、啟發各種教學法。至於怎樣的教材適合用甚麼方法，一課書、一堂課裡要怎樣穿插變化；用「提問法」要怎樣「擬問、發問、候答、理答」，就像廚師要掌握的調味與火候一樣是一種藝術，既要個人的學養、智慧與經驗作基礎，更要經常參與觀摩、研討，才能夠臻於玄妙的爐火純青之境。

與潘教授在臺灣師大共事二十年，深知她的詩歌吟唱造詣深邃，對閱讀方法與策略有獨到的見解，也精通國語文創意教學活動設計；這本《非問不可》的著作過程，更已「寓指導於創作」。感佩之餘，很高興為大家推薦這本好書，更期望我們的語文教育能夠：聽、說、讀、寫，齊頭並進；普及、菁英，兩面雙贏。

張正男

總策畫序

Preface

面對十二年國教的政策即將推行，以及全球華人的競爭比賽，各位親愛的國語文教師，你，怎麼辦？

約莫一九九一年前後，筆者因崑劇參訪，有機會與蘇州大學中文系學生交流，當時便對學生所表現的流利口才與敏捷思辨，印象深刻。過了十五、六年，筆者先後接受南京大學文學院和北京師範大學教育學院的邀請，各短期講學一個月，對大陸的教學課室有更近身的觀察，了解到他們在口語表達方面的訓練與重視，感觸良深。

二〇一一年二月至七月，在新加坡華文教研中心擔任客座教授，有機會到中小學的教學現場親身觀課，深入了解這一個國際知名的優秀國家其華文教育著力之處。發現到無論是大陸還是新加坡，教學時都非常重視批判思維的訓練，特別是大陸特級教師的課堂教學流程中，幾乎是被貫穿於文本內容而產生的大大小小問題所環繞，教師提問並適時提醒學生說話的語態，學生思考、回答，學生的口語表達訓練自然而然含藏其中。新加坡、香港、北京與上海等地的語文教學在這一方面，已有很好的教學成果。

反觀我們，傳統的中小學國語文教學，多半是教師講、學生聽，教學過程中，學生係被動接受知識而非主動思考，教師即使「提問」也只是蜻蜓點水，口語訓練不被師生所重視或習慣。然而大家都知道，透過各種問題的提問，可以刺激學生思考，提升他們的邏輯思維力，啟發主動解決問題的探究。進一步說，國語文課透過有目的、有計畫的提問教學，可以引導學生重視口語表達能力，重視說話的抑揚頓挫，訓練說話技巧，表現語感的熱忱，幫助學生流暢地對話、溝通，由是習得如何表達、朗讀、演講、辯論的技巧。接受良好的朗讀與演說訓練，不應當是少數參與語文競賽者的專利！

一般而言，教學活動可以區分為：準備活動、發展活動、綜合活動與評量活動。字詞的形音義教學屬於發展活動，修辭和篇章布局亦屬之。長年以來，我們的中學國文教學花費極多的時間在這一方面，這樣做不能說不對，但字詞的形音義的學習有沒有可能讓學生自己準備？

面對即將來臨的十二年國教政策，我們必須做好轉型的準備，讓學生擁有更多的習得，讓他們具有更好的優勢與更強的競爭力，是本套書系嚴肅思考並縝密規畫、撰稿的初衷。本書最初的總體策畫目標是：引領教師設計問題；使學生習慣老師提問，培養傾聽問題的能力；能針對問題進行思辨；了解口語表達的重要性；習慣於清楚、有力的回答問題。藉此訓練、提升學生的朗讀和口語表達能力，以達中學國文的有效教學。

於是針對十三篇國中國文教材文本，運用提問策略，融入批判思維的問題設計，每一篇提出超過十五個以上的問題，由淺而深、由簡而繁，引領學生一步一步思考該篇教材的重點與脈絡，藉由國語文素材的提問設計訓練學生的思維力，大量提供學生發表意見、集體討論、說明、報告的機會，不鎖定過細的枝節，改變國語文課程的傳統教學模式，刺激教師反思、超越舊有的習慣與思維，以因應十二年國教活化教學的目標。

因此，這不是一本普通的國語文教學參考讀物，而是具體針對教材文本、有效提出策略的教學書！對文學有興趣的一般社會人士也非常有用，特別是家中有青少年的讀者朋友們！

本書產出的過程，係由筆者撰寫第一篇示例，說明理念與做法，再分配篇目請新北市的六位輔導團教師各自撰寫，然後約定時間共同腦力激盪，針對所設計的問題，逐一細細討論，進行修改。筆者深信：合作、統整必須由教師自身做起，才能夠確切了解其中的困難與操作細節，反映在教學流程時便能設身處地為學生著想。期間團隊成員都感覺獲益良多，對於教材文本的思索更加深入、細緻，並且有助於批判思維力的提升。

非常高興有這樣的機會，與這六位具有高度熱忱與教育理念的優秀教師共事，由衷銘感他們一起為國語文教育盡心力的情意，大家把共同的理想化為實際的文字成果，十分甜美！冀盼這一甜美果實，可以鼓動眾多臺灣中等學校國語文教師，形成一股改變教學模式的風潮！

潘麗珠

寫於臺灣師範大學國文系八一二研究室

Contents

目錄

編撰委員簡介
推薦序
總策畫序
〈記承天寺夜遊〉……作者：蘇軾　教學設計：潘麗珠　1
〈與宋元思書〉……作者：吳均　教學設計：許文姿　11
〈山中避雨〉……作者：豐子愷　教學設計：許文姿　31
〈空城計〉……作者：羅貫中　教學設計：廖惠貞　51

〈大樹之歌〉…… 作者：劉克襄 教學設計：廖惠貞 73

〈五柳先生傳〉…… 作者：陶淵明 教學設計：黃志傑 93

〈紙船印象〉…… 作者：洪醒夫 教學設計：黃志傑 107

〈大明湖〉…… 作者：劉鶚 教學設計：葉書廷 125

〈銀劍月光〉…… 作者：廖鴻基 教學設計：葉書廷 137

〈定伯賣鬼〉…… 作者：曹丕 教學設計：陳恬伶 155

〈運動家的風度〉…… 作者：羅家倫 教學設計：陳恬伶 171

〈偷靴〉…… 作者：袁枚 教學設計：林麗芳 183

〈差不多先生傳〉…… 作者：胡適 教學設計：林麗芳 199

記承天寺夜遊

作者：蘇軾

課文

元豐六年十月十二日夜，解衣欲睡，月色入戶，欣然起行。念無與樂者，遂至承天寺，尋張懷民。懷民亦未寢，相與步於中庭。庭下如積水空明，水中藻荇交橫，蓋竹柏影也。何夜無月？何處無竹柏？但少閒人如吾兩人耳。

學習目標

1. 了解蘇軾的背景。
2. 熟悉本文的內容與寫作內涵。
3. 針對課文相關問題加以思辨並發表意見。

提問設計

1. 這一課的文章題目的關鍵詞是什麼？該強調重音的是哪一個字？
2. 課題怎麼朗讀？為什麼要這麼讀？

3. 本文作者蘇軾是哪裡人？
4. 他的父親和弟弟是誰？
5. 是誰教導蘇軾寫字、讀書？
6. 蘇軾和妻子的感情如何？發生過什麼有趣的事？
7. 讀一讀蘇軾〈題西林壁〉：「橫看成嶺側成峰，遠近高低各不同，不識廬山真面目，只緣身在此山中。」這首詩很有名，你對哪一句最有印象？那一句是什麼意思？
8. 你知道蘇軾在古文、詩詞方面，還有哪些知名的優秀作品？
9. 這一課有哪些字詞的意義是你不了解的？
10. 這一篇文章屬於怎樣的文體？由何處可知？
11. 東坡夜遊承天寺的原因是什麼？
12. 本文包括哪幾個空間？出現哪些自然景物？
13. 如果「庭下如積水空明」，那麼東坡和張懷民像什麼呢？
14. 你認為這篇日記最重要的關鍵字詞是什麼？為什麼？
15. 在朗讀到這一關鍵字詞時，可以怎樣表現？
16. 一般文章可以依據什麼原則加以分段？
17. 除了課本的分段方式，此篇文字，還可以如何分段？
18. 畫畫看，如果以本課文為內容畫心智圖，你會怎麼畫？
19. 說說看，在我們的生活裡，什麼時候會出現像作者一樣的心情？

20.李白在〈春夜宴諸從弟桃花園序〉一文裡面說：「古人秉燭夜遊，良有以也。」你認為「夜遊」是怎麼樣的活動？為什麼古人要「夜遊」？

21.現代人適合夜遊嗎？為什麼？如果真要夜遊，應該注意什麼樣的活動規範？

【教學流程】

1.教師在黑板上寫下課題後，提出第1和第2個問題。

2.以美讀方式示範朗讀課文，說明朗讀的注意事項。

3.再以領讀方式引導學生朗讀課文。

4.依據提問設計，自第3題開始，逐一提出問題。

5.等待學生回答之後，適度說明或補充。

6.須板書〈題西林壁〉（或製作PPT檔）。

【教學叮嚀】

1.教師宜針對問題，多方設想學生可能提出的答案，思考如何應變與引導。

2.提問後宜耐心等待學生回答，若無人回應，可指定學生回答問題。

3.學生回答問題時，除了內容，教師宜注意學生的語態和表達方式。

4. 製作PPT檔時，可順便找一找與蘇軾有關的故事動畫。
5. 在讓學生畫心智圖之前，宜先說明心智圖的意義和畫的方式。
6. 提問可以依據學生的程度量力而為。

【提問說明】

1. 這一課的文章題目的關鍵詞是什麼？該強調重音的是哪一個字？

參考答案：
(1)可以是「記」，強調文體；可以是「承天寺」，強調地點；也可以是「夜遊」，強調什麼時間、做什麼事。
(2)依據前述關鍵詞加重音即可。

2. 課題怎麼朗讀？為什麼要這麼讀？

參考答案：請參見所附光碟。朗讀是以詮釋文章的情韻為主，文章情韻如何變化，聲音便如何修飾。可以把握「朗讀十字訣」的要領：抑、揚、頓、挫、輕、重、緩、急、停、連。

3. 本文作者蘇軾是哪裡人？

參考答案：四川眉山人。

4. 他的父親和弟弟是誰？

參考答案 蘇洵（老蘇）、蘇轍（小蘇）。

5. 是誰教導蘇軾寫字、讀書？

參考答案 蘇軾的母親程氏。

6. 蘇軾和妻子的感情如何？發生過什麼有趣的事？

參考答案 他第一任妻子是王弗，夫妻感情很好，王氏不幸早逝，蘇軾曾作〈江城子〉詞以表悼念深情。而最知名的妻子是侍妾「朝雲」，她了解東坡，曾說「學士滿肚子不合時宜」，引得東坡拍手大笑稱是。

7. 讀一讀蘇軾〈題西林壁〉：「橫看成嶺側成峰，遠近高低各不同，不識廬山真面目，只緣身在此山中。」這首詩很有名，你對哪一句最有印象？那一句是什麼意思？

參考答案 「不識廬山真面目，只緣身在此山中」，已經變成熟語成詞，意思是「當局者迷」。

8. 你知道蘇軾在古文、詩詞方面，還有哪些知名的優秀作品？

參考答案：如〈赤壁賦〉、〈贈子由澠池懷舊〉、〈念奴嬌‧赤壁懷古〉等等。此題可為開放性答案。

9. 這一課有哪些字詞的意義是你不了解的？

參考答案：此題為開放性答案，教師針對學生所提給予解釋。

10. 這一篇文章屬於怎樣的文體？由何處可知？

參考答案：記敘文。題目的「記」、內容所述夜遊等情節。

11. 東坡夜遊承天寺的原因是什麼？

參考答案：「月色入戶」，受月光吸引。

12. 本文包括哪幾個空間？出現哪些自然景物？

參考答案：作者所居之處、承天寺張懷民居處、承天寺中庭。

13. 如果「庭下如積水空明」，那麼東坡和張懷民像什麼呢？

參考答案：像悠遊其中的魚。

14. **你認為這篇日記最重要的關鍵字詞是什麼？為什麼？**

參考答案：「閒」。東坡與張懷民「相與步於中庭」，在月色下談心，兩人都是被貶官的身分，「閒」字既可顯正面意義，也可具反諷義。

15. **在朗讀到這一關鍵字詞時，可以怎樣表現？**

參考答案：把聲音拉長，或加重音，以示強調。

16. **一般文章可以依據什麼原則加以分段？**

參考答案：時間、地點（空間）、人物、情節。請參考第18題之心智圖。

17. **除了課本的分段方式，此篇文字，還可以如何分段？**

參考答案：可讓學生分組，討論後提出報告。教師提醒學生上一題的分段原則。

18. 畫畫看，如果以本課文為內容畫心智圖，你會怎麼畫？

參考答案：

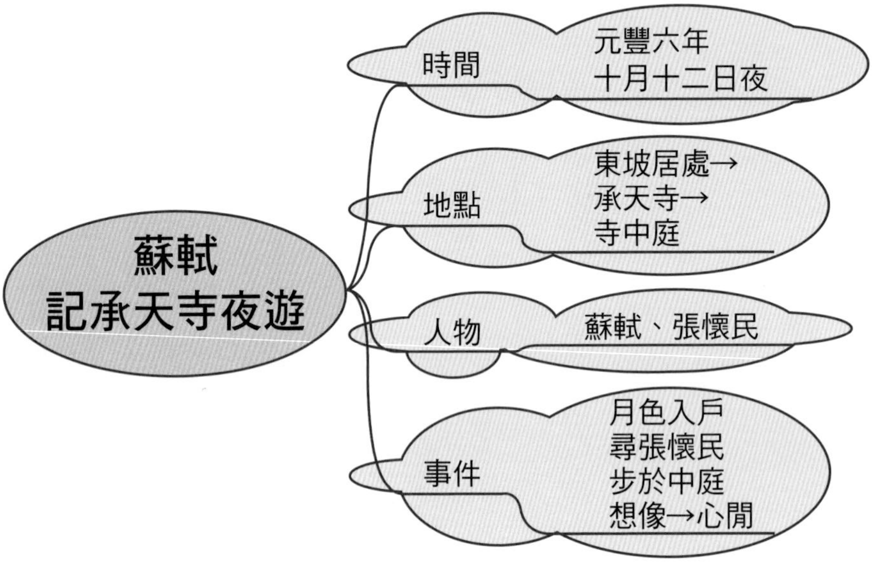

19.說說看，在我們的生活裡，什麼時候會出現像作者一樣的心情？

參考答案 考完試之後，假日時期等等。（此題為開放性答案）

20.李白在〈春夜宴諸從弟桃花園序〉一文裡面說：「古人秉燭夜遊，良有以也。」你認為「夜遊」是怎麼樣的活動？為什麼古人要「夜遊」？

參考答案 帶有冒險的浪漫活動，爭取時間即時享樂。

21.現代人適合夜遊嗎？為什麼？如果真要夜遊，應該注意什麼樣的活動規範？

參考答案 某些地方適合，因為相對安全。注意「安全至上」，重視各種警告標語！

如何朗讀

詳見所附光碟。

（教學設計者：潘麗珠）

與宋元思書

作者：吳均

課文

風煙俱淨，天山共色。從流飄蕩，任意東西。自富陽至桐廬，一百許里，奇山異水，天下獨絕。

水皆縹碧，千丈見底；游魚細石，直視無礙。急湍甚箭，猛浪若奔。

夾岸高山，皆生寒樹，負勢競上，互相軒邈，爭高直指，千百成峰。泉水激石，泠泠作響。好鳥相鳴，嚶嚶成韻。蟬則千轉不窮，猿則百叫無絕。鳶飛戾天者，望峰息心；經綸世務者，窺谷忘返。橫柯上蔽，在晝猶昏；疏條交映，有時見日。

學習目標

1. 了解駢文的體例。
2. 認識吳均的寫作特色。

3. 熟悉本文的內容與寫作內涵。
4. 能夠針對課文相關問題加以思辨、討論。
5. 能針對提問，合作討論，編寫一份有關景色導覽的文章。

提問設計

1. 這一課的文章題目是什麼？哪一字詞宜加強重音？
2. 宋元思和吳均是甚麼關係？
3. 這是一封吳均寫給宋元思的書信，講述他一路行旅的所見所聞。以書信的格式要求，應加上哪些內容？
4. 這一課有哪些字詞的讀音與意義是你不了解的？
5. 由第一段可以找出人、時、地、事、景的哪些訊息？
6. 說看看，「風煙俱淨，天山共色」描述的是怎樣的天氣？
7. 第二段「水皆縹碧，千丈見底；游魚細石，直視無礙。急湍甚箭，猛浪若奔。」請就這一段，分別找出描寫水的色澤、水質、水流的文句。（本題出自臺灣師範大學鄭圓鈴教授）
8. 猜猜看，「游魚細石，直視無礙」的「游魚」可能是甚麼魚？請上網查出下列圖表可能的魚種。
9. 朗讀第二段文章時，可以做怎樣的聲情表現？
10. 「夾岸高山，皆生寒樹，負勢競上，互相軒邈，爭高直指，千百成峰。」請就這一段，分別

找出描寫山的色澤、山勢、山形的文句。（本題出自臺灣師範大學鄭圓鈴教授）

11. 朗讀第三段文章時，可以做怎樣的聲情表現？

12. 說一說第三段有關於山、水的描寫，包括哪些場景？

13. 第四段在聲音的描寫上有哪些特色？在朗讀描寫聲音的字詞時，可以做怎樣的聲情表現？

14. 請說一說作者寫「鳶飛戾天者，望峰息心；經綸世務者，窺谷忘返」的意思？

15. 你的生活經驗中，有過像作者一樣因遇見美景而流連忘返的心情嗎？請說說看，並和同學分享。

16. 說說看，「橫柯上蔽，在晝猶昏；疏條交映，有時見日」，是一個怎樣的場景？

17. 這一篇文章是吳均搭船行旅富春江的所見所聞，試整理出作者寫作本文時，所在的位置與所採的角度。

18. 一般記遊的文章，可以依據什麼原則分段？這一篇遊記是怎麼分段？

19. 除了課本的分段方式，這一篇文章你可以如何分段？請和同學討論，並說明你這樣分段的用意。

20. 吳均是哪一朝代的人？說一說他的文章有甚麼特色？

21. 說說看，這一篇文章字句的形式上有甚麼特色？

22. 誦讀本文章時，你覺得和一般散文有何不同？

23. 畫畫看，如果以本課文為內容畫心智圖，你會怎麼畫？

24. 元朝名畫家黃公望以浙江富春江為背景，繪製一幅膾炙人口的〈富春山居圖〉，描繪的風景即是本文描寫的山水。假設你是導遊，你如何為客人導覽富春江的「奇山異水」？又或者你是旅行社的企劃，你如何設計導覽富春江的廣告？請上網搜尋資料，並於課堂上分享。

25. 臺灣，人稱福爾摩沙，意思是指美麗的島嶼。你曾去過臺灣哪些美麗的鄉鎮，請選擇一處有山有水的地方，仿本文的內容，描寫出該地風景的特色，抒發你遊覽當地的心情。

26. 你曾學習過以下這些篇章：〈油桐花編織的祕徑〉、〈記承天寺夜遊〉、〈大明湖〉、〈我所知道的康橋〉，試就其中兩篇，分析這些遊記的寫法。

【教學流程】

1. 教師在黑板上寫下課題後，提出第1和第2個問題。
2. 以美讀方式示範朗讀課文，說明朗讀的注意事項。
3. 再以領讀方式引導學生朗讀課文。
4. 依據提問設計，自第3題開始，逐一提出問題。
5. 等待學生回答之後，適度說明或補充。
6. 第5.7.10.13.題，皆可安排學生兩兩討論或分組討論，並於時間內由同組不同人分別發表，訓練學生發表的口說能力。第8.23.24.25.26.題則以學習單方式作為學生回家作業。（題目可製作成PPT檔）。
7. 第6題，藉由PPT放映有關富春江景色的圖片，有的圖片山嵐繚繞，有的煙波四起，有的天朗氣清，以引導學生判讀。

8.第13題，藉由PPT播放「流泉、鳥鳴、蟬囀、猿啼」的聲音，引導學生判讀。

教學叮嚀

1.教師宜針對問題，多方設想學生可能提出的答案，思考如何應變與引導。
2.提問後宜耐心等待學生回答，若無人回應，可指定學生回答問題。
3.學生回答問題時，除了內容，教師宜注意學生的語態和表達方式。
4.製作PPT檔時，可順便找一找與富春江有關的圖畫。
5.在讓學生畫心智圖之前，宜先說明心智圖的意義和畫圖表的方式。
6.提問可以依據學生的程度量力而為。

提問說明

1.這一課的文章題目是什麼？哪一字詞宜加強重音？

參考答案 這一課文章題目是「與宋元思書」，因為是封書信，所以重音宜為「書」字；學生若選「宋元思」，則強調接受書信的對象是「宋元思」而非他人；學生若選擇「與」一詞，則說明他認為寫信者的心意很重要。依此，可以達到口語訓練的目標。

2.宋元思和吳均是甚麼關係？

參考答案 宋元思是吳均的朋友。

3. **這是一封吳均寫給宋元思的書信，講述他一路行旅的所見所聞。以書信的格式要求，應加上哪些內容？**

參考答案 若要加上書信的形式，可以補充如下。

提稱語	結尾敬語	署名、末啟詞
元思吾兄台鑑 （大鑒、惠鑒、足下、左右）	專此　敬請台安 耑此　敬請大安	弟叔庠敬啟 弟叔庠謹上

4. **這一課有哪些字詞的讀音與意義是你不了解的？**

參考答案

(1)「縹」碧：音ㄆㄧㄠˇ，淡青色。
(2)軒「邈」：音ㄇㄧㄠˇ，遠。
(3)「泠泠」：音ㄌㄧㄥˊ，清脆的水流聲。
(4)「嚶嚶」：音ㄧㄥ，禽鳥和鳴的聲音。
(5)鳶飛「戾」天：音ㄌㄧˋ，到達。
(6)經「綸」世務：音ㄌㄨㄣˊ，絲。經綸，將絲線理出頭緒，引申為規劃。
(7)橫「柯」：音ㄎㄜ，樹枝。

5. 由第一段可以找出人、時、地、事、景的哪些訊息？

參考答案

人	時	地	事	景
吳均	風煙俱淨，天山共色	自富陽至桐廬，一百許里	（乘船）從流飄蕩，任意東西	奇山異水

文章中提到的地點，富陽與桐廬都在杭州境內，富陽在富春江下游，桐廬在富陽的西南中游。如按上文「從流飄蕩」。則應為「從桐廬至富陽」，可能為作者筆誤。

6. 說說看，「風煙俱淨，天山共色」描述的是怎樣的天氣？

參考答案 利用PPT搭配富春江的相關圖片，讓學生就幾張圖片認知「風煙俱淨」的景色，是指沒有風、煙、雲、霧的天氣，非常的清朗，也可能是豔陽天。

7. 第二段「水皆縹碧，千丈見底；游魚細石，直視無礙。急湍甚箭，猛浪若奔。」請就這一段，分別找出描寫水的色澤、水質、水流的文句。（本題出自臺灣師範大學鄭圓鈴教授）

參考答案

異水	水色	水質	水流
	（江水）水皆縹碧 千丈見底	游魚細石 直視無礙	急湍甚箭 猛浪若奔
	淡青色↓深	清透	急湍
	動態／靜態	動態／靜態	動態／靜態

8. 猜猜看，「游魚細石，直視無礙」的「游魚」可能是甚麼魚？請上網查出下列圖表可能的魚種。

參考答案

地點	水名	可能的魚種
中國浙江桐廬	富春江	鰣魚
臺灣武陵農場	七家灣溪	櫻花鉤吻鮭
臺灣南投	日月潭	奇力魚（kiluat）

9. 朗讀第二段文章時，可以做怎樣的聲情表現？

參考答案 朗讀前，宜就寫景的角度判斷節奏的快慢，其中「水皆縹碧，千丈見底；游魚細石，直視無礙」，可能是作者定神細視，以「千丈」一詞約略估計江水的深度，所以節奏可慢。「游魚細石」念得輕巧靈動些，「直視無礙」，可見注視的專注；因此這四句的節奏要稍稍舒緩。至於「急湍甚箭，猛浪若奔」表現出來的是波瀾壯闊，又因是「急湍」、「猛浪」，因此節奏的力度要加重、速度要加快，這一段的朗讀務求輕、重、緩、急互濟。

10. 「夾岸高山，皆生寒樹，負勢競上，互相軒邈，爭高直指，千百成峰。」請就這一段，分別找出描寫山的色澤、山勢、山形的文句。（本題出自臺灣師範大學鄭圓鈴教授）

參考答案

奇山

項目	山（樹）色	山（樹）勢	山（樹）形
文句	夾岸高山 皆生寒樹	負勢競上 互相軒邈	爭高直指 千百成峰
顏色或形態	深綠	筆直高聳	樹頂一簇簇的針葉林如一座座小山峰
圈選動靜	動態／[靜態]	[動態]／靜態	[動態]／靜態

11.朗讀第三段文章時，可以做怎樣的聲情表現？

參考答案：第三段藉樹寫山，因此朗讀時可藉聲情的抑揚，表現空間的高低。先將文章前兩句分一組，後四句分一組。「夾岸高山，皆生寒樹」由「岸」到「高山」，至「寒樹」可停；空間層層往上，聲音則低起而高揚。至於「負勢／競上，互相／軒邈，爭高／直指，千百／成峰」，「負勢」、「互相」低、「爭高」、「直指」音較高，又「負勢／競上，互相／軒邈，爭高／直指，千百／成峰」是在解釋「皆生寒樹」的情況，藉樹形寫山形，藉樹生長的姿勢寫山的姿勢，這四句有「互文」的效果，因此朗讀時可用連綿的技巧，讓描寫山景的文句，因而活潑生動。

12.說一說第三段有關於山、水的描寫，包括哪些場景？

參考答案：本文寫景的部分，包括天空、山林、水面上下、岸邊、樹林等幾個場景。一般中國山水畫的描繪手法，往往是走到哪畫到哪，非定點視角，而是採移動視角；作者寫「夾岸高山，皆生寒樹」很有可能已上岸，走入山林間，視角則是仰望，專注於寒樹生長的姿態，至於「負勢／競上，互相／軒邈，爭高／直指，千百／成峰」，他的視角又更往上投射，直至山峰，再拉開至寬闊的千百峰嶺，寫山景兼寫樹景。至於第四段泉、水、鳥、蟬、猿則採聲音的摹寫，以襯托空間的景。

13.第四段在聲音的描寫上有哪些特色？在朗讀描寫聲音的字詞時，可以做怎樣的聲情表現？

參考答案 第四段寫泉水「泠泠作響」聲音要展延，要拉長一點；鳥叫聲「嚶嚶成韻」，「嚶嚶」則要稍高揚，二字中間要有頓開的感覺。「蟬」一詞稍頓開，再以迴繞的感覺朗讀「千轉不窮」；「猿則百叫無絕」，「猿」一詞稍頓，「百叫無絕」的「無」字稍拉長，「絕」字是入聲韻，則須急收。

高低長短	泉水 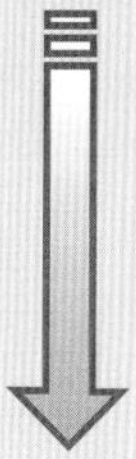	好鳥 	蟬 	猿 
摹寫	泠泠作響	嚶嚶成韻	千轉不窮	百叫無絕
表現特色	持續／間歇	持續／間歇	持續／間歇	持續／間歇

14. 請說一說作者寫「鳶飛戾天者，望峰息心；經綸世務者，窺谷忘返」的意思？

參考答案 作者在天氣清朗時乘船出遊，泛舟在富春江上，卻說「從流飄蕩，任意東西」，可知他當下的心情已極為悠閒自在。這一段：「鳶飛戾天者，望峰息心；經綸世務者，窺谷忘返」，清楚表達作者對山水的感受，他認為，一般人忙於處理政事，一心追求飛黃騰達，一旦遊歷至此，仰望山巒疊翠，往往會停止追求名利的慾望；一日窺得山谷美景，也會流連而忘返。作者在此寫出遊覽後的感觸，極言自然美景確實能使人滌盡俗慮，興起歸隱之心。

也或許作者看到富春江岸邊有「嚴子陵登釣台」一景，因此心生感觸。嚴子陵是東漢的嚴光，與漢光武帝劉秀有同窗之誼。他是一名高士，因拒絕出仕歸隱於富春江畔而聞名。由「嚴子陵登釣台」一景，可見此地山水之美，美得讓人望峰息心，流連忘返。

15. 你的生活經驗中，有過像作者一樣因遇見美景而流連忘返的心情嗎？請說說看，並和同學分享。

■參考答案：曾經，我到日月潭旅遊，流連於湖光山色間，沿著環潭步道欣賞日出的美景，沐浴在沿岸樹林散發出來的芬多精中，耳畔傳來悅耳的鳥鳴聲，晨曦溫柔地撒遍林中，好像摻上了一層金粉，遠望潭面上波光粼粼，美不勝收。美景當前，令人流連忘返，都忘記趕回飯店享用早餐。

16. 說說看，「橫柯上蔽，在晝猶昏；疏條交映，有時見日」，是一個怎樣的場景？

■參考答案：這一段是為描寫沿岸林木茂盛景觀所做的補敘。可能的場景有二：一者，舟船划行在富春江沿岸歧出的樹林下，時而一陣幽暗，偶又穿出林蔭，頂著無風無雲的豔陽航行。二者，作者已上岸，沿著林蔭下的小徑入山，一路上，時而有林木遮蔭，昏暗陰涼；時而經林木稀疏處時，日頭當空照臨。

17. 這一篇文章是吳均搭船行旅富春江的所見所聞，試整理出作者寫作本文時，所在的位置與所採的角度。

參考答案

景觀	可能位置	可能角度
風煙俱淨，天山共色。	船上	宏觀／共相
水皆縹碧，千丈見底；游魚細石，直視無礙。急湍甚箭，猛浪若奔。	前為船上，後為岸上	俯瞰／殊相
夾岸高山，皆生寒樹，負勢競上，互相軒邈，爭高直指，千百成峰。	船上或岸上	仰望
泉水激石，泠泠作響。好鳥相鳴，嚶嚶成韻。蟬則千轉不窮，猿則百叫無絕。	捨船上岸，走入山谷	藉聽覺描述周遭景物
橫柯上蔽，在晝猶昏；疏條交映，有時見日。	可能乘船沿岸划行，或上岸走入山谷	仰視

18. 一般記遊的文章，可以依據什麼原則分段？這一篇遊記是怎麼分段？

參考答案：一般記遊的文章可以依據寫遊記的原則，分成三段落，即敘事、寫景、抒情三段。本文寫作可解釋為先總述、後分述，即第一段採總寫筆法，先總述作者出遊的時間、地點，屬於宏觀的大景；第二段至第六段，再依所見所聞的景色，一一分述，並帶入作者遊覽時的情感。

19. 除了課本的分段方式，這一篇文章你可以如何分段？請和同學討論，並說明你這樣分段的用意。

參考答案：這一篇文章各版本都分成六段，我認為可分為四個段落。除第一段總起，第二段寫江水外，可將第三段、第四段、第六段合成第三段落，專寫山景、樹景，第五段則成第四段落，以抒情作為文章的總結。

20. 吳均是哪一朝代的人？說一說他的文章有甚麼特色？

參考答案：吳均是南朝梁人，他的詩文多描寫山水景物，文筆清新雅麗，當時的人競相模仿，號稱「吳均體」，可見吳均對當時的文風產生了一定的影響。

21. **說說看，這一篇文章字句的形式上有甚麼特色？**

參考答案 這一篇文章除「自富陽至桐廬」、「蟬則千轉不窮」、「猿則百叫無絕」三句是六言，「鳶飛戾天者」、「經綸世務者」是五言外，其餘全是四言一句，屬於四六駢體文的一種。（駢文文體發生於秦漢，興盛於魏晉和六朝時期，一般適用於寫景。）

22. **誦讀本文章時，你覺得和一般散文有何不同？**

參考答案 因為本文多四、六句，所以誦讀時，可以像吟誦韻文般，強調音律的和諧。

23. 畫畫看，如果以本課文為內容畫心智圖，你會怎麼畫？

參考答案

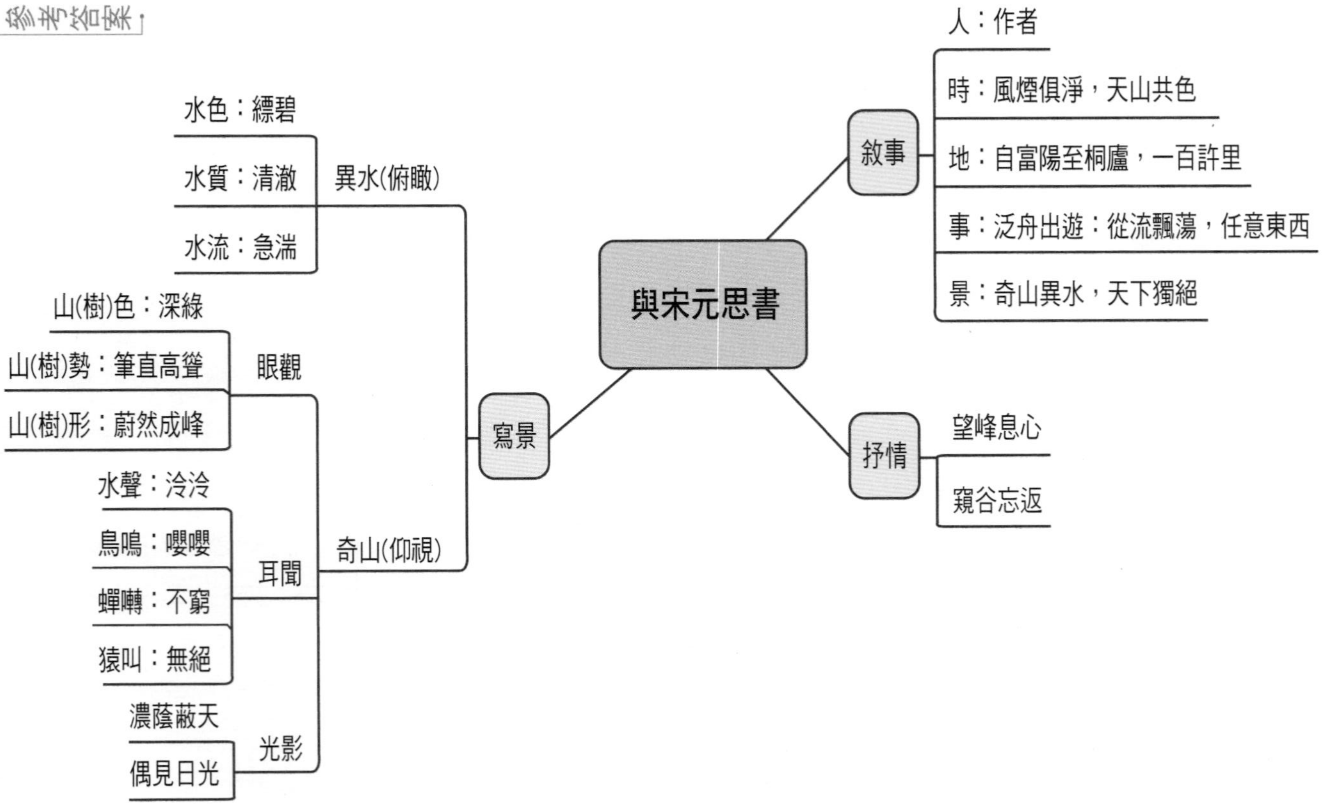

24.元朝名畫家黃公望以浙江富春江為背景，繪製一幅膾炙人口的〈富春山居圖〉，描繪的風景即是本文描寫的山水。假設你是導遊，你如何為客人導覽富春江的「奇山異水」？又或者你是旅行社的企劃，你如何設計導覽富春江的廣告？請上網搜尋資料，並於課堂上分享。

參考答案：請學生自行寫作。

導覽口白：

各位旅客，歡迎您來到桐廬觀光。桐廬位於富春江畔，有奇洞美石。宋朝詩人范仲淹稱讚桐廬是「瀟灑桐廬」。桐廬境內，有很多觀光勝地，分別有瑤琳仙境的溶洞奇觀，「天下獨絕」的天目溪漂流，中藥鼻祖聖地的桐君山，還有國家森林公園大奇山。這些特色景點既可以讓您尋勝訪古，縱情山水；也可讓您體驗鄉村風情、田園樂趣。桐廬當地的美食屬浙江菜系，因為水產豐富，所以有很多著名的菜餚，如清蒸鰣魚、糖醋鯿魚、乾燒子陵魚；小吃的部分有油沸饅頭夾臭豆腐、油沸果等。桐廬鎮有美食一條街學田畈，一向都是中外遊客喜歡遊逛的大排檔。竭誠歡迎各位的到來，希望您此行能盡興、愉快！

25.臺灣，人稱福爾摩沙，意思是指美麗的島嶼。你曾去過臺灣哪些美麗的鄉鎮，請選擇一處有山有水的地方，仿本文的內容，描寫出該地風景的特色，抒發你遊覽當地的心情。

參考答案：請學生自行寫作。老師也可讓學生上網蒐集照片或資料，於課堂上限時發表。

26.你曾學習過以下這些篇章：〈油桐花編織的祕徑〉、〈記承天寺夜遊〉、〈大明湖〉、〈我所知道的康橋〉，試就其中兩篇，分析這些遊記的寫法。

■參考答案

題目	人	時	地	事（過程）	景
〈油桐花編織的祕徑〉	徐仁修	夏	福山植物園	沿熟悉小徑入林，寫景並抒感	金銀花、油桐花
〈記承天寺夜遊〉	蘇軾	冬	承天寺	邀張懷民至庭中賞月	月色
〈大明湖〉	老殘	秋	大明湖	乘船遊湖、上岸賞景	千佛山、湖景
〈我所知道的康橋〉	徐志摩	春	英國　康橋	由早寫至黃昏或徒步或騎自行車	晨霧、朝陽、花、風物、落日

如何朗讀

風煙／俱淨，天山／共色。從流／飄蕩，任意／東西。自／富陽／至／桐廬／一百許里，奇山異水，天下／獨絕。

水／皆縹碧，千丈／見底；游魚／細石，直視／無礙。急湍／甚箭，猛浪／若奔。

夾岸／高山，皆生／寒樹，負勢／競上，互相／軒邈，爭高／直指，千百／成峰。

泉水／激石，泠泠／作響。好鳥／相鳴，嚶嚶／成韻。蟬／則／千轉不窮，猿／則／百叫無絕。

鳶飛戾天者，望峰／息心；經綸世務者，窺谷／忘返。

橫柯／上蔽，在晝／猶昏；疏條／交映，有時／見日。

（教學設計者：許文姿）

胡琴。「你的胡琴借我弄弄好不好？」他很客氣地把胡琴遞給我。

我借了胡琴回茶店，兩個女孩很歡喜。「你會拉的？你會拉的？」我就拉給她們看。手法雖生，音階還摸得正。因為我小時候曾經請我家鄰近的柴主人阿慶教過梅花三弄，又請對面街裡一個裁縫司務大漢教過胡琴上的工尺。阿慶的教法很特別，他只是拉梅花三弄給你聽，卻不教你工尺的曲譜。他拉得很熟，但他不知工尺。我對他的拉奏望洋興嘆，始終學他不來。後來知道大漢識字，就請教他。他把小工調，正工調的音階位置寫了一張給我，我的胡琴拉奏由此入門。現在所以能夠摸出正確的音階者，一半由於以前略有摸violin的經驗，一半仍是根基於大漢的教授的。在山中小茶店裡的雨窗下，我用胡琴從容地（因為快了要拉錯）拉了種種西洋小曲。兩女孩和著歌唱，好像是西湖上賣唱的。引得三家村裡的人都來看。一個女孩唱著漁光曲，要我用胡琴去和她。我和著她拉，三家村裡的青年們也齊唱起來，一時把這苦雨荒山鬧得十分溫暖。我曾經吃過七、八年音樂教師飯，曾經用piano伴奏過混聲四部合唱，曾經彈過Beethoven的Sonata。但是，有生以來，沒有嘗過今日般的音樂的趣味。

兩部空黃包車拉過，被我們雇定了。我付了茶錢，還了胡琴，辭別三家村的青年們，坐上車子。油布遮蓋我面前，看不見雨景。我回味剛才的經驗，覺得胡琴這種樂器很有意思。piano笨重如棺材，violin要數十百元一具。製造雖精，世間有幾人能夠享用呢？胡琴只要兩三角錢一把，雖然音域沒有violin之廣，也儘夠演奏尋常小曲。雖然音色不比violin優美，裝配得法，其發音也還可聽。這種樂器在我國民間很流行，剃頭店裡有之，裁縫店裡有之，江北船上有之，三家村裡有之。倘能多造幾個簡易而高尚的胡琴曲，使像漁光曲一般地流行於民間，其藝術陶冶的效果恐比學校的音樂課廣大得多呢。我離去三家村時，村裡的青年們都送我上車，表示惜別。我也覺得有些兒依依。（曾經搪塞他們說：「下星期再來！」其實恐怕我此生不會再到這三家村裡去吃茶且拉胡琴了。）若沒有胡琴的因緣，三家村裡的青年對於我這路人有何惜別之情，而我又有何依依於這些萍水相逢的人呢？古語云：「樂以教和。」我做了七、八年音樂教師沒有實證過這句話，不料這天在這荒村中實證了。

學習目標

1. 了解白話散文的體例。
2. 熟悉本文的內容與寫作內涵。
3. 能夠針對課文相關問題加以思辨、討論。
4. 認識豐子愷的寫作特色。
5. 能夠比較相關描寫雨景的文章。

提問設計

1. 這一課的題目是什麼？哪一字詞宜加強重音？
2. 除了課文的注釋外，這一課有哪些字詞的讀音與意義是你不了解的？請劃線，並翻查字典後，於課堂上提出。

3. 作者在哪裡遇雨？又在哪裡避雨？

4. 作者前往小茶店避雨，為何說：「但在這時候，即使兩角錢一壺我們也不嫌貴了」？

5. 第二段描寫「茶越沖越淡，雨越落越大」的景況，說說看，當下作者為什麼「反覺得比晴天遊山趣味更好」？

6. 承上題，如果遇到類似的情境，你會有怎樣的反應？請舉例說一說，與同組的同學分享。

7. 作者遊山中避雨，體會到蘇軾當初對西湖的讚譽：「水光瀲灩晴方好，山色空濛雨亦奇。欲把西湖比西子，淡妝濃抹總相宜。」說說看，其中「山色空濛雨亦奇」是怎樣的景象？

8. 說說看，作者在第三段第一句寫「茶博士坐在門口拉胡琴」，用意為何？

9. 作者向茶博士借了胡琴回茶店，兩女孩為什麼「很歡喜」？

10. 兩女孩說：「你會拉的？你會拉的？」，語意其實是「你會拉嘛！你會拉嘛！」，這樣的語氣，表達出兩女孩怎樣的心情？

11. 作者因借琴而拉胡琴，為什麼要插入以前學琴的往事？請試從第四段的文句中找出作者寫作的原因。

12. 作者寫柴主人阿慶教他拉胡琴的過程，為何又說自己對他的拉奏只能「望洋興嘆」？這一小段與全文有甚麼關聯？

13. 作者學琴和阿慶拉琴的過程顯然不一樣。請試著分析，這兩種學習類型的不同點。

14.作者說：「三家村裡的青年們也齊唱起來，一時把這苦雨荒山鬧得十分溫暖。」請同學分組討論「一時把這苦雨荒山鬧得十分溫暖」的情境，說出來與大家分享。或找一組同學模擬當時齊唱的情景，體驗其中的氛圍。

15.請就茶博士與作者拉的樂曲，分別說說音樂的感染力為何？

16.作者「吃過七、八年音樂教師飯」、「曾經用piano伴奏」、「曾經彈過Beethoven的Sonata」，卻說「有生以來，沒有嘗過今日般的音樂的趣味」。請問，你怎麼理解這一段的文意？

17.承上題，請就作者的鋼琴教學，與這次的胡琴拉奏，比較二者在音樂教育上的不同。

18.請同學分組討論，整理出本文描寫雨景的句子，並說一說其寫作手法。

19.比較第五段作者對胡琴、鋼琴與小提琴的不同看法？

20.由「樂以教和」一句，說一說作者對音樂教育的看法。

21.你曾學過哪些樂器？說說看，甚麼情況下你彈奏這些樂器的心情是自然而歡樂的？

22.作者在文章中做了些「比較」，請和同組討論，就下列幾點事例說明。

(1)作者山中避雨時的前後心境。

(2)作者在平時與這次對音樂的感受。

(3)兩女孩前後的心境。

(4)雨中的三家村的氣氛。

23.〈山中避雨〉這一篇文章的原題為〈民眾樂器〉，你覺得哪一個題目下得比較貼切，為什麼？

24.曾有人說：「音樂其實並不能使苦雨荒山溫暖，是孩子們使它溫暖。」你同意這個說法嗎？請就文本，說一說你同意或不同意的理由。

25.請同學就作者欄提供的訊息，分組進行討論以下題目：作者是一名漫畫家、音樂家，這雙重身分，讓他在本文的結構及描寫上，有何獨到之處？

26.請以本文為內容，畫一張心智圖。

27.你曾學習過現代散文作家琦君的〈下雨天真好〉、陳冠學的〈西北雨〉等作品，請簡單比較他們對於「雨」的寫作重點。

教學流程

1.教師在黑板上寫下課文題目後，提出第1個問題。
2.以美讀方式示範朗讀課文，說明朗讀的注意事項。
3.提出第2題後，讓學生在黑板上寫下自己認為不了解的字詞，教師再逐一引導回答。全部的字詞解決後，教師再以領讀方式引導學生第二次朗讀課文。
4.依據提問設計，自第3題開始，逐一提出問題。
5.所有提問，教師可引導學生回應，串聯學生的回應後，必要時再適度說明或補充。
6.提問第11.12.14.19.25.題時，可讓學生兩兩討論或分組討論，並於時間內由同組不同人分別回應，訓練學生發表的口說能力。第18.22.26.27.題則以學習單方式作為學生回家作業。（題目可製作成PPT檔）。

【教學叮嚀】

1. 教師宜針對問題，多方設想學生可能提出的答案，思考如何應變與引導。
2. 提問後宜耐心等待學生回答，若無人回應，可指定學生回答問題。
3. 學生回答問題時，除了內容，教師宜注意學生的語態和表達方式。
4. 製作PPT檔時，可順便找一找與西湖有關的圖畫。
5. 在讓學生畫心智圖之前，宜先說明心智圖的意義和畫的方式。
6. 提問宜依據學生的程度量力而為。

【提問說明】

1. 這一課的題目是什麼？哪一字詞宜加強重音？

參考答案：這一課的題目是〈山中避雨〉。

(1) 宜加強重音的是「避」一詞。全文著重在敘寫「避」雨的過程。

(2) 宜加強重音的是「雨」一詞。因為「雨」勢太大，因此作者一行人滯留山中。

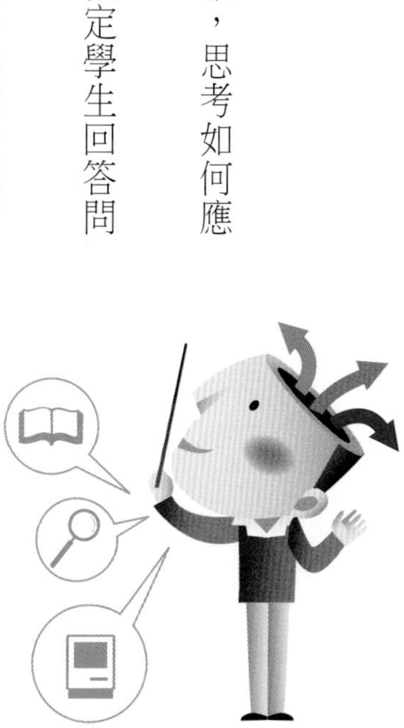

(3)宜加強重音的是「山中」一詞。因為在「山中」無處躲雨，才須找地方避雨。

2.除了課文的注釋外，這一課有哪些字詞的讀音與意義是你不了解的？請劃線，並翻查字典後，於課堂上提出。

參考答案

(1)苦悶萬狀：煩惱到了極點。
(2)嘈雜：嘈，音ㄘㄠˊ。形容聲音喧鬧、雜亂。
(3)冗長：冗，音ㄖㄨㄥˇ。多餘而不必要。
(4)賣唱：在街頭或公共場所中以歌唱掙錢為生的人。
(5)苦雨荒山：被雨勢困在人跡罕至的山區。
(6)剃頭店：剃，音ㄊㄧˋ。專供修剪頭髮的場所。
(7)搪塞：音ㄊㄤˊ ㄙㄜˋ。敷衍了事。
(8)因緣：機緣。

3.作者在哪裡遇雨？又在哪裡避雨？

參考答案 作者同兩個女孩在遊西湖的山中遇雨。倉皇奔走之際，在西湖山中的小廟門口一家茶店避雨。

4.作者前往小茶店避雨，為何說：「但在這時候，即使兩角錢一壺我們也不嫌貴了」？

參考答案 這句話寫出作者遊山遇雨的倉皇與狼狽，也強調小茶店解決了他們找不到地方避雨的困境；因此說，只要能避雨，茶資再貴也是不在乎的。

5.第二段描寫「茶越沖越淡，雨越落越大」的景況，說說看，當下作者為什麼「反覺得比晴天遊山趣味更好」？

參考答案 「茶越沖越淡，雨越落越大」採對比手法，雨勢雖然越來越大，但作者的心情越顯沉澱。當時的場景除雨聲外，一切皆已靜默，反而提供作者一個聯想的情境，體會出隨遇而安的境界。所以作者才說：「反覺得比晴天遊山趣味更好。」

6.承上題，如果遇到類似的情境，你會有怎樣的反應？請舉例說一說，與同組的同學分享。

參考答案 自由作答。

7.作者遊山中避雨，體會到蘇軾當初對西湖的讚譽：「水光瀲灩晴方好，山色空濛雨亦奇。欲把西湖比西子，淡妝濃抹總相宜。」說說看，其中「山色空濛雨亦奇」是怎樣的景象？

參考答案 這一首詩是蘇東坡〈飲湖上初晴後雨〉的作品。其中「山色空濛雨亦奇」是指下雨時，山色迷濛，若有似無，雨天的湖景也是極為奇特的。作者引用這一句詩來描寫西湖山中空濛的雨景，一方面是因遊西湖時，陽光是明麗的，後來下起了雨，雖然他得避雨，但進了茶館，抬頭一望，天空一片迷濛，讓作者深覺西湖不論晴、雨都很美好。二方面也說明作者在山中遇雨，原本覺得掃興，後來卻困在山中被雨所阻，反倒領略出的一種寂寥而深沉的趣味，那趣味如同西湖一般，無論晴、雨，都是美好的。

8.說說看，作者在第三段第一句寫「茶博士坐在門口拉胡琴」，用意為何？

參考答案：「茶博士坐在門口拉胡琴」有承上啟下的作用，是全文的轉折點。前文寫雨景，後文寫「除雨聲外，這是我們當時所聞的唯一的聲音」，如此承接，自然而然引出他拉胡琴，兩女孩跟著琴聲唱和的樂趣。

9.作者向茶博士借了胡琴回茶店，兩女孩為什麼「很歡喜」？

參考答案：兩女孩同作者遊西湖，忽逢大雨，只能在小茶店躲雨，自然是怨天尤人。這時，茶博士在門口拉琴，多少撫慰她們的苦悶，但茶博士只拉了一會的琴就作罷；於是嘈雜的雨聲再度盈耳，那兩女孩的苦悶可見一斑。一看到作者向茶博士借了琴，心情自然是歡喜的，因為這意味著可以改善目前的情況。

10.兩女孩說：「你會拉的？你會拉的？」，語意其實是「你會拉嘛！你會拉嘛！」，這樣的語氣，表達出兩女孩怎樣的心情？

參考答案：「你會拉的？你會拉的？」表現出兩女孩想聽作者拉琴的急切心情，也是對作者會拉奏胡琴的肯定與期望。

11.作者因借琴而拉胡琴，為什麼要插入以前學琴的往事？請試從第四段的文句中找出作者寫作的原因。

參考答案：作者插敘以前學拉琴的往事，一來是為了說明「音階摸得正」的原因，二來為後面「引得三家村裡的人都來看」做伏筆；三來，藉此說明連柴主人阿慶和裁縫司務大漢拉琴的技法都很嫻熟，可見胡琴「這種樂器在民間真的很流行」。

12.作者寫柴主人阿慶教他拉胡琴的過程，為何又說自己對他的拉奏只能「望洋興嘆」？這一小段與全文有甚麼關聯？

參考答案：柴主人阿慶雖然不知道如何記譜，卻能把〈梅花三弄〉拉得很流暢，說明阿慶天生音感很強。作者雖然「始終學他不來」，卻已引發對胡琴的愛好與追求。

（教師可補充：豐子愷曾寫一篇題為〈阿慶〉的文章，介紹阿慶拉胡琴的過程，是因有人背一架有喇叭的留聲機來賣唱，阿慶聽得一齣齣的戲曲下來，自然就會演奏。這一篇文章說明阿慶的音樂才能是得天獨厚的，而他對拉琴的心靈手巧，也映證音樂感人至深的道理。）

13.作者學琴和阿慶拉琴的過程顯然不一樣。請試著分析，這兩種學習類型的不同點。

參考答案：阿慶雖然不識工尺譜，但他能把梅花三弄拉得很熟，可見他天生的心思靈活、手藝巧妙，這是「天才型」的學習者。作者靠大漢的工尺譜及練習violin的經驗，才摸出胡琴正確的音階，可知他是屬於「熟能生巧」的學習者。

14. 作者說：「三家村裡的青年們也齊唱起來，一時把這苦雨荒山鬧得十分溫暖。」請同學分組討論「一時把這苦雨荒山鬧得十分溫暖」的情境，說出來與大家分享。或找一組同學模擬當時齊唱的情景，體驗其中的氛圍。

參考答案：「三家村」是指人煙稀少、偏僻的小村莊。作者在第一段就用「三家村」一詞形容他們避雨的場地是山裡的偏僻處，以致同來的兩女孩因下雨而覺得苦悶萬狀。女孩後來跟著作者拉的曲調唱著〈漁光曲〉，引來三家村裡的青年們也齊唱起來。對比之前的「掃興」，可以想見那忽然熱鬧起來的場面應該是很溫馨的。「鬧」一字點明了音樂的感染力，寫出了當時無拘無束的熱烈氣氛。而「溫暖」一詞，既寫環境的溫暖，也寫出作者內心的溫暖，表達作者對眼前情景的欣喜之情。

15. 請就茶博士與作者拉的樂曲，分別說說音樂的感染力為何？

參考答案：茶博士坐在門口拉〈梅花三弄〉雖然音階不大正確，拍子卻不錯，頗有「代替收音機作廣告」的效果，因此多少撫慰因避雨而苦悶的兩女孩。而作者用胡琴從容地拉了種種西洋小曲，讓兩女孩和著唱，竟「引得三家村裡的人都來看」，可知琴聲是能吸引人的。兩女孩和著胡琴唱起〈漁光曲〉時，「三家村裡的青年們也齊唱起來」，這一刻不但凝聚了孩子們的歌聲，也進一步營造出眾樂樂的氣氛來。

16.作者「吃過七、八年音樂教師飯」、「曾經用piano伴奏」、「曾經彈過Beethoven的Sonata」，卻說「有生以來，沒有嘗過今日般的音樂的趣味」。請問，你怎麼理解這一段的文意？

參考答案 這一段，作者是採用「對比」手法。本來借琴來拉奏，只是為了安慰兩女孩。當自己的琴聲，伴隨女孩的歌聲，引得三家村的青年齊聲唱和，這時，一間平凡的小茶店，比正規鋼琴教學還要吸引人，作者深覺是因為融合了當地純樸的人情所致，因此感嘆道：「有生以來，沒有嘗過今日般的音樂的趣味。」而一場原是單調無趣的避雨，反成了天時、地利、人和的音樂場域，應該也是作者始料未及的。

17.承上題，請就作者的鋼琴教學，與這次的胡琴拉奏，比較二者在音樂教育上的不同。

參考答案 作者為民國初年的音樂教師，當時極缺乏西洋樂器，西洋音樂教育在學校教學上並不普及；反觀胡琴，在當時是通俗且普遍的，因此胡琴的音樂教育十分流行，較能引起共鳴。

18.請同學分組討論，整理出本文描寫雨景的句子，並說一說其寫作手法。

參考答案

	文句	寫作手法
(1)	茶越沖越淡，雨越落越大。	視覺寫景。採對比修辭，襯托出遊山遇雨的無奈。
(2)	山色空濛雨亦奇	視覺寫景。引用蘇軾的詩句凸顯眼前所見的奇景。
(3)	茶博士坐在門口拉胡琴。除雨聲外，這是我們當時所聞的唯一的聲音。可惜他拉了一會就罷，使我們所聞的只是嘈雜而冗長的雨聲。	聽覺寫景。用琴音反襯雨景的寂寥與煩悶。
(4)	油布遮蓋我面前，看不見雨景。	視覺寫景。續寫雨仍未停，以回應主題——避雨。

19. 比較第五段作者對胡琴、鋼琴與小提琴的不同看法？

■ 參考答案：作者以自己彈鋼琴、學過小提琴的經驗，比較胡琴與二者間的不同。

樂器	體型／價格	普及程度	音樂教育
胡琴	外型輕巧，便於攜帶。（兩三角）錢——價格便宜	在民間很流行，（剃頭店）有之，（江北船上）有之，（三家村）有之	裝配得法，則（音色）可聽，倘能多造（簡易而高尚）的胡琴曲，則（藝術）陶冶的效果較學校音樂課廣。
鋼琴	鋼琴笨重如（棺材）	多限於音樂教室	（音域）廣，音色優美。
小提琴	小提琴（數十百）元		

20.由「樂以教和」一句，說一說作者對音樂教育的看法。

參考答案：「樂以教和」是指音樂的教化可使人心和諧。由文本中得知，一把胡琴將音樂的學習生活化，讓人拋卻山中避雨的煩悶，也巧妙聚合了不相識的人；就是這樣一場即席演奏牽動識與不識的情感，作者認為這就是成功的音樂教育。

（老師補充：就兩女孩來說，原本因避雨而「苦悶萬狀」的兩女孩，有了音樂就歡喜起來，並隨曲歌唱；而三家村裡的青年，在無聊的下雨天，也因聽到作者拉奏的琴聲，而齊聚在小茶店裡，跟著唱和起來，可見音樂帶來的凝聚力與感染力是很深遠的。）

21. 你曾學過哪些樂器？說說看，甚麼情況下你彈奏這些樂器的心情是自然而歡樂的？

參考答案 自由作答。

22. 作者在文章中做了些「比較」，請和同組討論，就下列幾點事例說明。

(1)作者山中避雨時的前後心境。
(2)作者在平時與這次對音樂的感受。
(3)兩女孩前後的心境。
(4)雨中的三家村的氣氛。

參考答案

內容	比較
(1)作者山中避雨時前後心境	作者先是**掃興**，之後體會出一種深沉而寂寥的**趣味**。
(2)作者在平時與這次對音樂的感受	**平時**，作者以教學者的立場傳授音樂教育；**這次**無心插柳，音樂教育的效果卻大於前者。

內容	比較
(3)兩女孩前後的心境	兩女孩先是因避雨而**怨天尤人**，苦悶萬狀；之後隨琴聲唱和，則**陶醉**於音樂中。
(4)雨中的三家村的氣氛	名為三家村，可見作者感受到的是該處的**偏僻**、**冷清**；之後因為有琴聲、孩子們的歌聲，氣氛反變得**熱鬧而溫暖**。

23. 〈山中避雨〉這一篇文章的原題為〈民眾樂器〉，你覺得哪一個題目下得比較貼切，為什麼？

參考答案

〈山中避雨〉一題下得好，文題已明顯帶出情境；作者藉由「避雨」為引子，表達音樂（尤其是民間音樂）的感染力，強調「樂以教和」的陶冶。至於原題〈民眾樂器〉除了介紹胡琴一類的樂器外，缺少情境，也就無法凸顯音樂的感染力了。

24. 曾有人說：「音樂其實並不能使苦雨荒山溫暖，是孩子們使它溫暖。」你同意這個說法嗎？請就文本，說一說你同意或不同意的理由。

參考答案

(1)我同意這個說法。作者避雨小茶店時，門口的茶博士原本也在拉奏胡琴，兩女孩仍覺苦悶萬狀。直到作者借琴為兩女孩拉奏，而女孩的唱和又引來三家村裡青年的唱和，可見是孩子們的歌聲讓原本的苦雨荒山熱鬧而溫暖的。

(2)我不同意這個的說法。作者寫茶博士拉胡琴的時間很短暫，等到作者借琴拉奏，兩女孩立刻歡喜的說：「你會拉的？你會拉的？」可見兩女孩的歡喜是因知道作者會拉奏胡琴，三家村的青年也是因作者胡琴拉奏得好，女孩又唱著當時的流行曲，被吸引過來唱和。可見是「音樂」讓苦雨荒山熱鬧起來的。

25.請同學就作者欄提供的訊息，分組進行討論以下題目：作者是一名漫畫家、音樂家，這雙重身分，讓他在本文的結構及描寫上，有何獨到之處？

參考答案

(1)本文如畫作一般，多採對比手法，凸顯情境。

(2)起承轉合的安排，非常流暢，如同樂曲般，抑揚頓挫銜接十分順當。

(3)因為美術與音樂的陶冶，作者仍保有赤子之心，讓兒時美好的學琴記憶及生活中的市井小民，都能融入文章裡。

(4)作者的心情及文中時空的變化是多樣的，如同音樂的旋律高低起伏，而本文結尾對三家村有些不捨，如同繞樑三日的樂音，令人低迴讚嘆。

26.請以本文為內容，畫一張心智圖。

參考答案

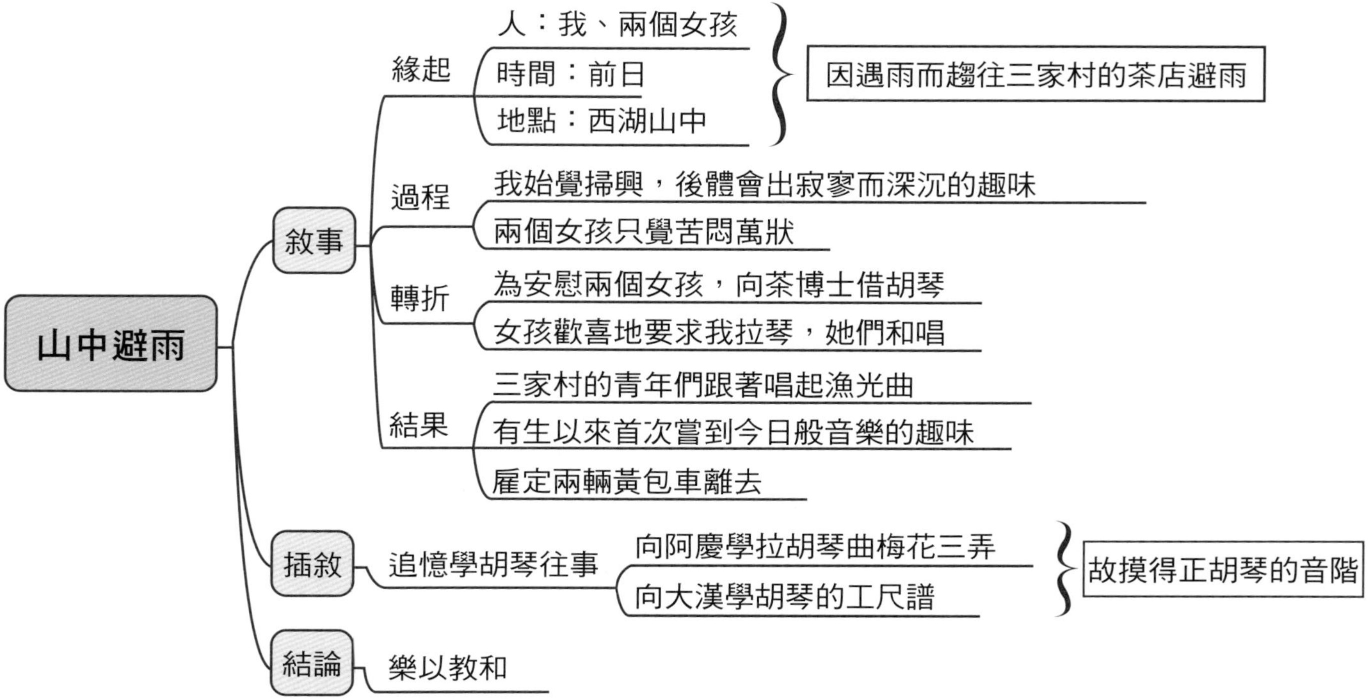

27. 你曾學習過現代散文作家琦君的〈下雨天真好〉、陳冠學的〈西北雨〉等作品，請簡單比較他們對於「雨」的寫作重點。

參考答案：

文章	寫作重點
〈山中避雨〉	作者山中避雨——文側重記事，兼寫「樂以教和」的哲理。
〈西北雨〉	西北雨落下的情景——文重寫景。
〈下雨天真好〉	作者體會下雨天真好的情感——藉事抒情。

（教學設計者：許文姿）

空城計

作者：羅貫中

【課文】

孔明分撥已定，先引五千兵去西城縣搬運糧草。忽然十餘次飛馬報到，說司馬懿引大軍十五萬，望西城蜂擁而來。時孔明身邊並無大將，只有一班文官；所引五千軍，已分一半先運糧草去了，只剩二千五百軍在城中。眾官聽得這消息，盡皆失色。

孔明登城望之，果然塵土沖天，魏兵分兩路望西城縣殺來。孔明傳令：眾將旌旗，盡皆藏匿；諸軍各守城鋪，如有妄行出入，及高聲言語者，立斬；大開四門，每一門上用二十軍士，扮做百姓，灑掃街道；如魏兵到時，不可擅動，吾自有計。孔明乃披鶴氅，戴綸巾，引二小童，攜琴一張，於城上敵樓前，憑欄而坐，焚香操琴。

卻說司馬懿前軍哨到城下，見了如此模樣，皆不敢進，急報與司馬懿。懿笑而不信，遂止住三軍，自飛馬遠遠望之，果見孔明坐於城樓之上，笑容可掬，焚香操琴。左有一童子，手捧寶劍；右有一童子，手執麈尾；城門內外有二十餘百姓，低頭灑掃，旁若無人。

懿看畢，大疑，便到中軍，教後軍作前軍，前軍作後軍，望北山路而退。次子司馬昭曰：「莫非諸葛亮無軍，故作此態，父親何故便退兵？」懿曰：「亮平生謹慎，不曾弄險。今大開城門，必有埋伏。我軍若進，中其計也，汝輩焉知？宜速退。」

於是兩路兵盡皆退去，孔明見魏軍遠去，撫掌而笑。眾官無不駭然，乃問孔明曰：「司馬懿乃魏之名將，今統十五萬精兵到此，見了丞相，便速退去，何也？」孔明曰：「此人料吾平生謹慎。必不弄險；見如此模樣，疑有伏兵，所以退去。吾非行險，蓋因不得已而用之。此人必引軍投山北小路去也。吾已令興、苞二人在彼等候。」

眾皆驚服，曰「丞相玄機，神鬼莫測。若某等之見，必棄城而走矣。」孔明曰：「吾兵只有二千五百，若棄城而走，必不能遠遁。得不為司馬懿所擒乎？」言訖，拍手大笑，曰：「吾若為司馬懿，必不便退也。」

【學習目標】

1. 認識《三國演義》歷史章回小說的寫作背景、以及作者羅貫中。
2. 了解空城計故事對比懸疑的寫作手法。
3. 能掌握小說情節安排的路線。
4. 培養遇事冷靜應對的膽識及智慧。

【提問設計】

1. 請說說這一課的文章題目是什麼？該強調重音的是哪一個字？
2. 作者羅貫中寫《三國演義》時，曾遭遇怎麼樣的情況？
3. 請說說你聽過哪些有關《三國演義》的故事？
4. 請說說諸葛亮在什麼情況下，採用這計謀，原因是什麼？
5. 第一段到第三段有哪些字詞的意義是你不了解的？
6. 第一段到第三段有哪些字是有兩種以上的讀音？
7. 第一段，寫孔明當時面臨怎樣艱難的情勢？使用哪種描寫技巧？
8. 承上題，這種情勢，可用哪些成語來形容？
9. 「眾官聽得這消息，盡皆失色。」這一句話在描述甚麼情況？
10. 第二段的開頭，作者如何描寫魏軍的氣勢？
11. 請說說大軍壓境時，孔明下達哪些軍令？
12. 誦讀這些軍令時，應該採用怎樣的語氣？
13. 孔明說：「吾自有計」這句話，有哪兩層作用？
14. 請說說「大開四門，每一門上用二十軍士，扮做百姓，灑掃街道。」在文章中營造出什麼氣氛？
15. 「披鶴氅，戴綸巾，引二小童，攜琴一張，於城上敵樓前，憑欄而坐，焚香操琴。」孔明的用意是什麼？

16.第三段「卻說司馬懿前軍哨到城下，見了如此模樣，皆不敢進，急報與司馬懿。」句中的「卻說」二字有何作用？
17.第一段的「忽然十餘次飛馬報到」和第三段的「自飛馬遠遠望之」，兩句中「飛馬」的意思，請說說有什麼不同？
18.司馬懿騎著快馬，遠遠的看到孔明哪些舉動與反應，這樣描寫有什麼作用？
19.請說說為何司馬懿不是立馬觀看，而是自飛馬遠遠望之呢？
20.第四段到第六段有哪些字詞的意義是你不了解的？
21.請說說司馬懿率領了十五萬兵馬，為何又要速速退去呢？
22.司馬昭對父親所下達的退兵令，有甚麼意見？
23.司馬懿率領大軍兵臨城下，到下達退兵令，請說說其間他的心情變化如何？
24.請說說孔明使用的計謀成功了沒？
25.請說說為什麼孔明不率領將士逃走，而是使用計謀應對？
26.眾將官說：「丞相玄機，神鬼莫測」，「玄機」是指什麼意思？
27.請說說本文中，孔明的心情變化是如何？
28.請說說本文如何形塑孔明的角色呢？
29.文本中的孔明與影片中扮演孔明的角色，請說說你比較欣賞哪一位的表現？
30.請依戲劇的要素：主題、人物、情節、場景（以時間順序表明空城計的情節、開端、發展、和結局）等繪製心智圖。

31.請說說《三國演義》是正史或是歷史小說？內容有哪些特色？
32.請同學由PPT檔中找出並說出與〈空城計〉人物有關的歇後語。
33.請同學由PPT檔中，找出並說出五個孔明使用過的計謀。
34.請同學分組討論，共同編寫〈空城計〉四幕的話劇，並在班上表演。

【教學流程】

1. 教師在黑板上寫下課題後，提出第1～3個問題。
2. 第3個問題後，教師可放映《空城計》教學影片。
3. 依據提問設計，自第3題開始，逐一提出問題。
4. 第5.6.8.18.20.30.32.33.題，老師須寫板書或展示PPT檔。
5. 再以領讀方式引導學生朗讀第二段課文。
6. 第11題，老師要引導學生從標點符號去找答案。
7. 等待學生回答之後，適度說明或補充。

【教學叮嚀】

1. 教師宜針對問題，多方設想學生可能提出的答案，思考如何應變與引導。
2. 提問後宜耐心等待學生回答，若無人回應，可指定學生回答問題。
3. 學生回答問題時，除了內容，教師宜注意學生的語態和表達方式。

4. 製作PPT檔時，可整理與孔明有關的計謀及歇後語。

5. 在讓學生畫心智圖之前，宜先說明心智圖的意義和畫的方式。

6. 提問可以依據學生的程度量力而為，請同學先預習課文。

提問說明

1. **請說說這一課的文章題目是什麼？該強調重音的是哪一個字？**

參考答案：題目是空城計，強調的重音「空」，或是「空城」，或是「計」，可以拉長音或頓音，指擺空城的計謀。

2. **作者羅貫中寫《三國演義》時，曾遭遇怎麼樣的情況？**

參考答案：作者羅貫中大約生於元、明間的亂世，因為懷才不遇，淪落江湖鬱鬱寡歡，就編撰演義小說來排遣苦悶，寫出心中不平之氣，因此全力從事通俗小說的創作。他把宋、元以來說書人和通俗文學家編寫的三國故事加以整理，改寫成《三國演義》。

3. **請說說你聽過哪些有關《三國演義》的故事？**

參考答案：桃園三結義、三顧茅廬、過五關斬六將、刮骨療傷、草船借箭、火燒赤壁、煮酒論英雄、樂不思蜀、望梅止渴等等。

4.請說說諸葛亮在什麼情況下，採用這計謀，原因是什麼？（老師先放影片）

參考答案 孔明派馬謖防守漢中咽喉街亭，因為馬謖自作主張，被魏國司馬懿打敗了，孔明急忙調兵遣將，重新安排。

5.第一段到第三段有哪些字詞的意義是你不了解的？（老師寫板書或展示PPT檔）

參考答案

(1)分撥：分派調度。

(2)旌（ㄐㄧㄥ）旗：用羽毛裝飾的旗子。

(3)城鋪：城中巡查的崗位。

(4)綸（ㄍㄨㄢ）巾：青色絲帶編的頭巾，又叫諸葛巾。

(5)麈尾：以麈的尾巴做成，古代用來拂去塵土、驅除蚊蠅的工具。

6.第一段到第三段有哪些字是有兩種以上的讀音？（老師寫板書或展示PPT檔）

參考答案

(1)綸（ㄍㄨㄢ）巾、經綸（ㄌㄨㄣˊ）。

(2)城鋪（ㄆㄨˋ）、鋪（ㄆㄨ）好。

(3)傳（ㄔㄨㄢˊ）令、傳（ㄓㄨㄢˋ）記。

7.第一段，寫孔明當時面臨怎樣艱難的情勢？使用哪種描寫技巧？

參考答案：

(1)孔明在西城縣只剩二千五百人馬，遇司馬懿十五萬兵馬，雙方兵力相差懸殊，又無退路，所以冒險用空城計。

(2)用「對比手法」。

①人力的懸殊（司馬懿十五萬大軍↓孔明二千五百軍）

②氣氛的烘托：

❶消息突然：望西城蜂擁而來。

❷現況呈現「時孔明身邊並無大將，只有一班文官；所引五千軍，已分一半先運糧草去了，只剩二千五百軍在城中」烘托危機氣氛。

8.承上題，這種情勢，可用哪些成語來形容？

參考答案：可用軍情告急、千鈞一髮、敵眾我寡等來形容。

9.「眾官聽得這消息，盡皆失色。」這一句話在描述甚麼情況？

參考答案：

(1)因為驚恐變了臉色，視覺摹寫加強緊張氣氛。

(2)運用「補敘」手法，是沿用說書人敘事的手法，加強烘托危機氣氛，讓人如臨其境。

10.第二段的開頭，作者如何描寫魏軍的氣勢？

參考答案 透過視覺的摹寫。「孔明登城望之，果然塵土沖天」，藉由塵土滿天飛揚，強調魏軍兵馬眾多，聲勢浩大。

11.請說說大軍壓境時，孔明下達哪些軍令？

參考答案 老師要引導學生從標點符號去找答案。

(1)眾將旌旗，盡皆藏匿；

(2)諸軍各守城鋪，如有妄行出入，及高聲言語者，立斬；

(3)大開四門，每一門上用二十軍士，扮做百姓，灑掃街道；

(4)如魏兵到時，不可擅動，吾自有計。

12.誦讀這些軍令時，應該採用怎樣的語氣？

參考答案 語氣堅定，明快果決，聲調短促，簡潔有力，因為軍情急迫，軍令如山，不可疏忽。（老師範讀、領讀。）

13.孔明說：「吾自有計」這句話，有哪兩層作用？

參考答案 這句胸有成竹的話，第一讓將士們安下心，第二也為下文預留了伏筆。

14.請說說「大開四門，每一門上用二十軍士，扮做百姓，灑掃街道。」在文章中營造出什麼氣氛？

參考答案：大軍壓境，城內只剩二千五百兵士，兵少將無，孔明因此故布疑陣。

15.「披鶴氅，戴綸巾，引二小童，攜琴一張，於城上敵樓前，憑欄而坐，焚香操琴。」孔明的用意是什麼？

參考答案：

(1)孔明藉此故布疑陣。

(2)由此也可見他的沉著應對，讓敵方有高深莫測的感覺，而懸疑的手法，讓對方不敢輕舉妄動。

16.第三段「卻說司馬懿前軍哨到城下，見了如此模樣，皆不敢進，急報與司馬懿。」句中的「卻說」二字有何作用？（此題第二解，出自臺師大鄭圓鈴教授之說。）

參考答案：說書人或章回小說中，在一個情節結束後，另起一個段落時，常用的語氣詞彙。或說明同一件事，分兩邊敘說。先說孔明部署後，再說司馬懿情況。

17.第一段的「忽然十餘次飛馬報到」和第三段的「自飛馬遠遠望之」，兩句中「飛馬」的意思，請說說有什麼不同？

參考答案

語詞	解釋
十餘次「飛馬」報到	本來指騎著快馬的人，這裡指傳送緊急軍情的人
司馬懿自「飛馬」遠遠望之	指騎著快馬。

18. 司馬懿騎著快馬，遠遠的看到孔明哪些舉動與反應，這樣描寫有什麼作用？

參考答案

(1)遠遠的清楚看到孔明的笑容，童子手中拿的物品，及二十餘旁若無人的百姓。

(2)如此描寫，是說明司馬懿觀察仔細，做事謹慎，再次藉由懸疑的手法，烘托出緊張的氣氛。這也是小說中特寫的部分，和第二段互相對應。

19. 請說說為何司馬懿不是立馬觀看，而是自飛馬遠遠望之呢？

參考答案

「立馬觀看」只能在近距離靠近看，但容易成為敵方的箭靶，安全堪虞，所以只能快速奔馳觀看。

20. 第四段到第六段有哪些字詞的意義是你不了解的？

參考答案

(1)中軍：古代軍隊分中、左、右三軍，中軍由統帥率領，是發號司令的地方。

(2)撫掌：拍手。

(3)某等：我們。

(4)得不為……能不被……。

21.請說說司馬懿率領了十五萬兵馬，為何又要速速退去呢？

參考答案 司馬懿一看孔明大開城門，焚香操琴，猜測孔明在使計，一定有所部署，城內必有埋伏。

22.司馬昭對父親所下達的退兵令，有甚麼意見？

參考答案 在大軍將退之際，司馬昭猜透孔明的心思而提出質疑，他不贊同退兵。

23.司馬懿率領大軍兵臨城下，到下達退兵令，請說說其間他的心情變化如何？

參考答案

司馬懿兵馬	率領大軍兵臨城下→	見城門大開→	下達退兵令
心情變化	不信孔明在敵樓前彈琴→	懷疑有埋伏→	畏懼而退兵

24.請說說孔明使用的計謀成功了沒？

參考答案 孔明知己知彼，利用司馬懿對自己的了解，運用心理戰來取勝對方，以空城計謀，使司馬懿虛實莫辨，倍增疑慮，因此躊躇不前，終於中計了而退兵。

25.請說說為什麼孔明不率領將士逃走，而是使用計謀應對？

參考答案 當時西城蜀軍只有二千五百的老弱殘兵，如果棄城逃走，應該跑不動，也跑不快，必不能遠遁。將會被為司馬懿所擒，逃亡必敗，所以一定要使用空城計。

26.眾將官說：「丞相玄機，神鬼莫測」，「玄機」是指什麼意思？

參考答案 指高明奧妙的計謀，和「故弄玄虛」相似，故意玩弄花招，令人迷惑不解的意思。

27. 請說說本文中，孔明的心情變化是如何？

參考答案

情境	大軍壓境↓	大軍當前↓	敵軍遠去↓	解釋用計
心情	從容傳令↓	笑容彈琴↓	撫掌而笑↓	拍手大笑自豪得意

28. 請說說本文如何形塑孔明的角色呢？

參考答案 戴諸葛巾，拿羽扇，舉止文雅，態度從容，不威而厲。

29. 文本中的孔明與影片中扮演孔明的角色，請說說你比較欣賞哪一位的表現？

參考答案 比較欣賞影片中孔明的角色，因為比較真實，尤其當他聽到，司馬懿十五萬兵馬殺來西城縣，孔明當時正彈琴，弦都斷了，羽毛扇也掉落地上了。

30. 請依戲劇的要素：主題、人物、情節、場景（以時間順序表明空城計的情節、開端、發展、和結局）等繪製心智圖。

參考答案

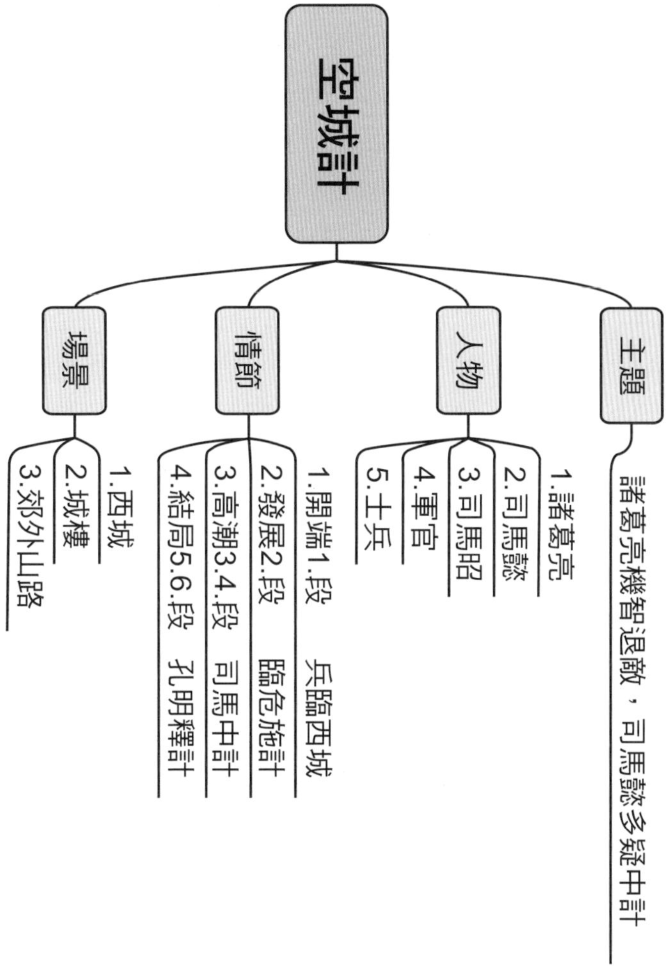

31.請說說《三國演義》是正史或是歷史小說？內容有哪些特色？

參考答案　《三國演義》不是正史，而是歷史小說，取材自《三國志》及說書人、通俗文學家的故事，加以虛構和渲染。主要是寫魏、蜀、吳三國間的歷史，人物刻劃突出，情節變化萬千，極受人們喜愛。屬於章回小說（明、清長篇小說的通稱，內容分章標回，回末常以「欲知後事如何，且聽下回分解」收尾）。

32. 請同學由PPT檔中找出並說出與〈空城計〉人物有關的歇後語。

參考答案：

(1)諸葛亮大擺空城計——（化險為夷）。

(2)孔明彈琴退仲達——（好沉著）。

(3)諸葛亮皺眉頭——（計上心來）。

(4)諸葛亮用兵——（虛虛實實）。

(5)司馬昭之心——（路人皆知）。

33. 請同學由PPT檔中，找出並說出五個孔明使用過的計謀。

參考答案：

(1)金蟬脫殼、順手牽羊、欲擒故縱、無中生有、空城計、瞞天過海、擒賊擒王、圍魏救趙、隔岸觀火、樹上開花。

(2)①孔明設下疑點讓曹操心生懷疑而退兵，於是趁勢攻打曹兵——（無中生有）。

②諸葛亮巧計退曹兵——（圍魏救趙）。

③諸葛亮六擒六縱孟獲，終於七擒後感恩臣服——（欲擒故縱）。

④孔明七擒孟獲，讓他心悅誠服，因此也安定了西南之亂——（擒賊擒王）。

⑤孔明趁濃霧中出動草船，料曹操不敢貿然出戰，以射手應付。果然孔明因此得箭——（順手牽羊）。

34. 請同學分組討論，共同編寫〈空城計〉四幕的話劇，並在班上表演。

■參考答案

◎〈空城計〉話劇

第一幕

時間：三國時代。

地點：西城縣。

人物：孔明、飛馬傳報者、文官甲、乙、丙、丁。

（幕啟）馬蹄聲由遠而近，飛馬數次跑到孔明面前稟報，孔明身邊有數名文官。

飛馬傳報者（快速跑來，神情慌張）：「稟告丞相！」

孔明：「別慌！什麼事？快說！」

飛馬傳報者：「司馬懿引大軍十五萬，望西城殺過來了！」

孔明：「知道了！退下！」

飛馬傳報者：「謝臣相！」（傳報者退場。孔明左右的文官，驚慌不已。）

官員甲：「丞相，我軍五千兵，有一半去搬運糧草了，城中只剩二千五百名士兵而已！要如何抵抗敵軍呢？」

孔明：「待我登樓看看，情勢究竟如何？」（孔明離開座位，登上城樓觀望。左右官員也跟著登樓。）

孔明：「司馬懿大軍果然殺來了！」（面向官員）「立刻傳令下去，眾將的軍旗立刻藏匿，各軍各守城鋪，不許任意走動，大聲交談！否則立斬！都聽清楚了！」

官員乙：「是！遵命！」

孔明：「把東、西、南、北四面的城門打開，每個城門上，找二十名士兵扮成老百姓，在那打掃。如果魏兵來到，也不能擅自走動！」

官員丙：「是！遵命！」（立即轉身離開，完成孔明的命令）

官員丁：「敢問丞相！如此安排……？」（一臉疑惑又驚恐）

孔明：「我自有計謀！不必驚慌！」（向前方眺望敵軍一會兒，便從容轉身而下）

第二幕

地點：西城縣城上敵樓前。

人物：孔明、童子二名、掃地百姓若干名。

人物：司馬懿、司馬昭、軍士數十名。

場景：（漸漸傳來戰馬行進的壯盛聲，兵馬從西城縣郊外蜂擁而來。）

◎右方舞台一縷煙升起、出現琴聲。

◎孔明披著鶴氅，戴著綸巾，坐在城上的敵樓，靠著欄杆輕鬆自得的在彈琴，臉上充滿笑容。孔明身旁有兩個童子站著，左邊手捧寶劍，右邊手拿塵尾。城牆內外有好幾個百姓，低頭在打掃。

◎司馬懿、司馬昭坐在馬上，身邊站著一群軍士兵，有的舉著寫著「魏」的軍旗，有的手拿武器，從左幕出來。

◎前哨士奔跑到司馬懿的馬前，下跪拱手稟報。

前哨兵：「稟告將軍，西城城門大開，城樓上有人在焚香操琴，左右各有童子一人，百姓若無其事，在那低頭打掃。」

司馬懿：「知道了！退下！」（乾笑一聲，卻滿臉狐疑。）

前哨兵：「是！大將軍！」（退下）

司馬懿：「部隊先在此等候！」（左手做出停止的手勢，然後轉頭向司馬昭。）

司馬懿：「大軍先停在此，待我一探究竟！」（獨自駕馬前去，接近右幕。）

第三幕

地點：西城縣城上敵樓前。

人物：孔明、童子二名、掃地百姓若干名。

人物：司馬懿、司馬昭、軍士數十名。

◎司馬懿駕馬向右幕，自飛馬遠遠望之，果見孔明坐於城樓之上，笑容可掬，焚香操琴。左有一童子，手捧寶劍；右有一童子，手執麈尾；城門內外有好幾個百姓，低頭灑掃，旁若無人。

司馬昭：「父親！莫非諸葛亮那邊沒有軍隊，才故意做這樣的情勢，我們為何要退兵呢？」

司馬懿：（走到中軍前）「部隊聽令！後軍作前軍，前軍作後軍，依序向北方山路退兵！」

◎懿看畢，大疑，騎馬走回來。

司馬懿：（騎馬向前）「你知道什麼？諸葛亮這個人，我太了解他了，他總是很謹慎，絕不會做冒險的事。現在，城門大開，想必城內有埋伏。如果我們進攻，豈不就中了他的計！還是快退吧！」（話一說完，即騎馬引兵而退。）

司馬昭想說話卻沒機會，只得跟在司馬懿的後面走。

第四幕

地點：西城縣。

人物：孔明、文官甲、乙、丙、丁。

◎孔明走出場拍手而笑。

官員甲：「丞相！局勢現在如何？」（一臉疑惑，慌張不知所措。）

◎孔明左手摸著鬍子，右手搖著扇子，仍笑而不答。

官員乙：「丞相！我們該如何做，請您指示？」

孔明：「大軍撤退了！」

官員丙：「魏軍撤走了？……果真就這樣走了？」

孔明：「大軍的確撤退了！司馬懿這人我了解得很，他認為我行事向來謹慎，不會冒險行事，今天看到我們城門大開，想必會有埋伏，所以撤兵了。」

官員丁：「原來如此！下臣萬分緊張！」

官員丙：「丞相玄機，神鬼莫測。如果按我等之見，必棄城逃走啊！」

孔明曰：「我們只有二千五百兵，如果棄城逃走，必不能遠遁。怎能不被司馬懿捉呢？」（說完，拍手大笑）

官員甲：「我們真有埋伏嗎？」

孔明：「是啊！不過，埋伏不在城裡，而在山北那邊，我已安排關興、張苞半路去『迎接』他們了！」

眾官員：「丞相玄機真是高明啊！臣等萬分佩服！」（異口同聲說，並拱手行禮。）

孔明：我若是司馬懿，就不退兵了。哈……哈……哈！（邊搧扇子，笑聲越來越小。）

◎幕緩緩落下來。

（教學設計者：廖惠貞）

大樹之歌

作者：劉克襄

【課文】

冬末時，我們去北海岸拜訪一位爸爸的老朋友。他的年齡比阿公和爸爸的年紀加起來都還大。至於到底有多大？我也算不出來，也不想猜了。反正，他看起來還是很強壯，很能生長的樣子。他住的地方，靠近金山一條小河的河口邊。他——是看著金山鄉長大的一棵大樹。

什麼樣的樹呢？它是一棵雀榕。雀榕的枝幹通常長有許多肉紅色的漿果，平地的鳥群最愛集聚那兒，所以它應該也有許多鳥朋友。河口附近還有許多雀榕，樹齡都和這一棵差不多。感覺上這個河口應該是一個大樹群生的地點，就像象群集聚的泥沼地一般的情景。

這棵基部足足可讓四人擁抱的大樹，葉子已經落得一乾二淨，只剩肥胖的軀幹和枯枝伸向清冷的天空。以前爸爸去金山賞鳥，都會順路去探望它。有一次，我在它身上粗略統計了一下，還有十來種草木寄宿在它身上；像常見的酢漿草、鼠麴草、黃鵪菜、馬齒莧等，都會發現。

但附近的人並非很善待它，他們在它的身上纏繞了電線，還掛魚網鋪晒，樹幹間的樹洞裡也堆積著廢棄的空罐頭和保特瓶。我們仔細探視這位老朋友，它的枯枝已有一些紅色的嫩芽，準備掙出天空了。下個月再來，想必已蓊鬱成一片樹海！

它的旁邊還有一位垂倒的夥伴，大概是枯死一段時候了，又有新的小雀榕自枯樹裡長出橢圓、淺黃的優雅嫩葉，象徵著新生命的孳生不息。

我們把樹洞清理了一下，偷偷地把魚網拉下來。然後，離去之前，向樹身行禮、祈禱。不知下一回再來看他是什麼時候？也許，那時你已長大到能爬上他的樹肩，站在他的肩膀，看到湛藍的海洋。

【學習目標】

1. 認識自然寫作的文學風格。
2. 能說出喜愛的樹木並描繪外觀。
3. 能體會自然的可貴並尊重一切生命。
4. 能進行自然觀察，並作簡單的記錄及寫作。

【提問設計】

1. 你認識圖片中這些樹木嗎？請說出樹名及你最喜歡的樹？

(1)（　　）

(2)（　　）

(3)（　　）

(4)（　　）

(5)（　　）

(6)（　　）

2. 這一課的文章題目是什麼？該強調重音的是哪一個字？
3. 請說一說，「大樹之歌」的「歌」有什麼涵意？
4. 朗讀課文後，有哪些字詞的意義是你不了解的？（老師寫板書或展示PPT檔）
5. 朗讀課文後，有哪些字是有兩種以上的讀音？（老師寫板書或展示PPT檔）

6.「(1)漿槳獎醬　(2)茲孳滋慈嵫　(3)軀驅嶇　(4)沼昭招，上列的字串，請讀一讀各組字之間有什麼不同？每個字請說出兩個語詞。

7. 說說看作者去哪裡拜訪一位老朋友？這位老朋友的年紀怎麼樣？他究竟是誰呢？

8.「他——是看著金山鄉長大的一棵大樹。」請說明句中的「——」破折號有什麼作用？

9. 第二段為什麼說這棵樹「應該也有許多鳥朋友」？

10. 請說說看作者如何形容這棵雀榕生長的環境？

11. 請說說看文中這棵雀榕的外貌？

12. 請你舉出幾種寄宿在這棵雀榕身上的草木？

13. 從文中可看出附近的居民怎樣對待這棵雀榕呢？

14. 請從文中找出這棵雀榕展現它的生命力的地方？

15. 作者提到雀榕旁垂倒的另一個夥伴，也是充滿生機，我們可以從文中找到哪些證據呢？

16. 請說一說作者怎樣照顧、關愛這一棵雀榕？

17. 請說一說作者離去之前，向樹身行禮、祈禱的意義。

18. 作者對待大樹的態度，和大樹附近人家有什麼不同？說一說這種不同有什麼影響？

19. 作者對待這棵大樹，還有怎樣的期許？

20. 作者在文章中指稱大樹，為什麼頭尾用「他」，中間四段用「它」呢？

21. 請說一說本文的人、時、地、事、物及作者的感情？

22. 依照文中描述，在作者阿公年代至作者兒子的年代，這棵大樹的生命力如何？（本題可以讓學生討論，並在黑板圖示。）

23. 請分組討論樹木有哪些功能，並推派代表提出報告。
24. 讀過本文，請和同組分享你對生態保育可盡哪些心力？（可以用圖像表示。）
25. 順詞說故事：
請運用以下幾個詞語組織文意，說出課文內容。
(1)冬末 (2)金山 (3)老朋友 (4)雀榕 (5)鳥 (6)軀幹 (7)枯枝 (8)寄宿 (9)魚網 (10)嫩葉
(11)新生命 (12)行禮
26. 請依據本文內容，繪製心智圖。並說明這麼畫的理由或原因。
27. 自然觀察寫作：我最喜愛的校樹，並錄製有聲書。
請同學們想一想，校園中，你印象最深刻或最喜歡的植物、樹木是什麼？他的形態如何？請你寫下來，自己朗讀並加以錄音，再和同學分享（可以配樂）。（200～250字）
參考字詞：綠意盎然、美麗的、溫柔的、芬芳的、優美的、湛藍、強壯

【教學流程】

1. 教師先準備樹木的圖片，由認識樹和它的特色，引起動機。提出第1～3個問題。
2. 第4～6題，老師須寫板書或展示PPT檔。
3. 第21～26題，老師可以製作圖表或展示PPT檔。
4. 第27題，老師可以先請同學觀察路樹，並帶領同學觀察校樹；並指導同學寫文章及錄音。
5. 等待學生回答之後，適度說明或補充。

教學叮嚀

1. 教師宜針對問題，多方設想學生可能提出的答案，思考如何應變與引導。
2. 提問後宜耐心等待學生回答，若無人回應，可指定學生回答問題。
3. 學生回答問題時，除了內容，教師宜注意學生的語態和表達方式。
4. 製作PPT檔時，可找尋有關的行道樹及校樹圖片。
5. 在讓學生畫心智圖之前，宜先說明心智圖的意義和畫的方式。
6. 提問可以依據學生的程度量力而為，請同學先預習課文。

提問說明

1. 你認識圖片中這些樹木嗎？請說出樹名及你最喜歡的樹？

(1)（　　　）

(2)（　　　）

(3)（　　　）

(4)（　　）

(5)（　　）

(6)（　　）

參考答案 (1)（樟樹）(2)（阿勃勒）(3)（千層樹、白千層）(4)（木棉）(5)（椰子樹）(6)（南洋杉），自己最喜歡的樹由同學自由發表。

2. 這一課的文章題目是什麼？該強調重音的是哪一個字？

參考答案 題目是「大樹之歌」，強調的重音「大樹」，或是「歌」，可以拉長音或頓音，加強重點字詞。

3. 請說一說，「大樹之歌」的「歌」有什麼涵意？

參考答案

(1)作者對文中大樹的讚嘆。

(2)作者對文中大樹的悲歌（大樹慘遭人為的破壞）。

(3)大樹發出的自然歌聲（如風吹、鳥叫、蟲鳴）。

(4)作者寄望大樹重生的謳歌（枯枝又長出嫩葉）。

(5)生長的過程也是一首歌。

4.朗讀課文後，有哪些字詞的意義是你不了解的？（老師寫板書或展示PPT檔）

參考答案

(1)漿（ㄐㄧㄤ）果（ㄍㄨㄛˇ）：多汁的果實。

(2)泥（ㄋㄧˊ）沼（ㄓㄠˇ）地（ㄉㄧˋ）：溼地。

(3)軀（ㄑㄩ）幹：這一課指大樹的主要枝幹。

(4)鋪（ㄆㄨ）晒（ㄕㄞˋ）：攤開來晒太陽。

(5)蓊（ㄨㄥˇ）鬱（ㄩˋ）：茂盛的樣子。

(6)孳（ㄗ）生：生長繁衍。

(7)祈（ㄑㄧˊ）禱：禱告求福。

(8)湛（ㄓㄢˋ）藍：深藍。

5.朗讀課文後，有哪些字是有兩種以上的讀音？（老師寫板書或展示PPT檔）

參考答案

(1)強（ㄑㄧㄤˊ）壯、勉強（ㄑㄧㄤˇ）、倔強（ㄐㄧㄤˋ）。

(2)生長（ㄓㄤˇ）、長（ㄔㄤˊ）寬、一無長（ㄓㄤˋ）物。

(3)泥（ㄋㄧˊ）沼、拘泥（ㄋㄧˋ）。

(4)鋪（ㄆㄨ）晒、店鋪（ㄆㄨˋ）。

(5)寄宿（ㄙㄨˋ）、一（ㄧˋ）宿（ㄒㄧㄡˇ）、星宿（ㄒㄧㄡˋ）。

(6)掙（ㄓㄥ）出、掙（ㄓㄥˋ）錢。

(7)垂倒（ㄉㄠˇ）、倒（ㄉㄠˋ）退。

(8)看（ㄎㄢˋ）到、看（ㄎㄢ）護。

6.「(1)漿槳獎醬　(2)茲孳滋慈嵫　(3)軀驅嶇　(4)沼昭招，上列的字串，請讀一讀各組字之間有什麼不同？每個字請說出兩個語詞。

■參考答案　各組的字，有相同的聲符，因為不同部首，意思就不同。

(1)將

將＋水——漿：ㄐㄧㄤ　漿果、豆漿。

將＋木——槳：ㄐㄧㄤˇ　船槳、螺旋槳。

將＋犬——獎：ㄐㄧㄤˇ　獎狀、得獎。

將＋酉——醬：ㄐㄧㄤˋ　醬油、果醬。

(2)茲

茲　——茲：ㄗ　念茲在茲、茲事體大。

茲＋子——孳：ㄗ　孳生、孳生不息。

茲＋水——滋：ㄗ　滋味、聚眾滋事。

茲＋心——慈：ㄘˊ　慈悲、慈眉善目。

茲＋山——嵫：ㄗ　崦嵫。

(3)區

身＋區——軀：ㄑㄩ　身軀、軀體。

馬＋區——驅：ㄑㄩ　驅策、驅使。

山＋區——嶇：ㄑㄩ　崎嶇、崎嶇不平。

(4)召

水＋召——沼：ㄓㄠˇ　池沼、沼澤。

日＋召——昭：ㄓㄠ　昭告、天理昭彰。

扌＋召——招：ㄓㄠ　招生、招手。

7. 說說看作者去哪裡拜訪一位老朋友？這位老朋友的年紀怎麼樣？他究竟是誰呢？

■參考答案：北海岸金山一條小河的河口邊。他的年紀很大了，因為他的年齡比阿公和爸爸的加起來都還大。他是一棵大樹，或說他是看著金山鄉長大的一棵大樹。

8. 「他——是看著金山鄉長大的一棵大樹。」請說明句中的「——」破折號有什麼作用？

參考答案：破折號用於語意的轉變、聲音的延續，或在文章中為了解釋補充說明某個詞語，而這說明後文氣需要停頓。這裡解釋「他」是看著金山鄉長大的一棵大樹，是一棵雀榕。

9.第二段為什麼說這棵樹「應該也有許多鳥朋友」？

參考答案：因為雀榕的枝幹通常長有許多肉紅色的漿果，平地的鳥群最愛集聚那兒，所以作者說他應該也有許多鳥朋友。

10.請說說看作者如何形容這棵雀榕生長的環境？

參考答案：這棵雀榕生長在金山鄉的河口，那是一個大樹群生的地方，就像象群集聚的泥沼地一般。

11.請說說看文中這棵雀榕的外貌？

參考答案：這棵雀榕基部十分粗壯，足足可讓四人擁抱，但是葉子已經落得一乾二淨，只剩肥胖的軀幹和枯枝，伸向清冷的天空。

12.請你舉出幾種寄宿在這棵雀榕身上的草木？

參考答案：寄宿在這棵雀榕身上的草木有常見的酢漿草、鼠麴草、黃鵪菜、馬齒莧等。

13. 從文中可看出附近的居民怎樣對待這棵雀榕呢？

參考答案：附近的人並非很善待它，他們在它的身上纏繞了電線，還掛魚網鋪晒，樹幹間的樹洞裡也堆積著廢棄的空罐頭和保特瓶。

14. 請從文中找出這棵雀榕展現它的生命力的地方？

參考答案：它的枯枝已有一些紅色的嫩芽，準備掙出天空了。

15. 作者提到雀榕旁垂倒的另一個夥伴，也是充滿生機，我們可以從文中找到哪些證據呢？

參考答案：它的旁邊那位垂倒的夥伴，大概是枯死一段時候了，又有新的小雀榕自枯樹裡長出橢圓、淺黃的優雅嫩葉，代表著新生命的孳生不息。

16. 請說一說作者怎樣照顧、關愛這一棵雀榕？

參考答案：除了時常來到金山鄉探望這棵雀榕，把樹洞清理了一下，偷偷地把魚網拉下來。離去之前，還向樹身行禮、祈禱他能持續平安生長。

17. 請說一說作者離去之前，向樹身行禮、祈禱的意義。

參考答案：表示作者對雀榕的敬意與謝意，並且說明希望人與大自然能和諧和平共處，因為樹木是我們人類的好朋友，要尊重它們的生命，也要維護它們生長的好環境。

18. 作者對待大樹的態度，和大樹附近人家有什麼不同？說一說這種不同有什麼影響？

參考答案 作者對待大樹像老朋友一般親近，經常去拜訪照顧它；而附近人家不懂得欣賞，也沒能感受它生命的存在，只會加以利用或傷害。作者對大樹的態度是正向的，值得我們學習。而附近人家忽視和大自然共生共榮的原則，對待雀榕只會利用或傷害，這種負面的行為，不足取法。

19. 作者對待這棵大樹，還有怎樣的期許？

參考答案 作者除了期許這棵雀榕持續生長嫩葉，能像他的孩子一樣茁壯，更期許下一回再來看他時，孩子也已長大到能爬上他的樹肩，站在他的肩膀上，看向湛藍的海洋。

20. 作者在文章中指稱大樹，為什麼頭尾用「他」，中間四段用「它」呢？

參考答案 作者在文章頭尾用「他」指稱大樹，因為他以「老朋友」的關係來告訴小孩：首段告訴孩子他和大樹的關係，末段也是朋友關係，希望大樹能茁長，小孩能站在他的肩膀，眺望遠方的海。中間四段用「它」稱呼，因為解釋說明有關雀榕的相關資訊。

21. 請說一說本文的人、時、地、事、物及作者的感情？

參考答案

人	作者和孩子
時	冬末
地	北海岸的金山鄉
事	拜訪一位老朋友
物	一棵榕樹——雀榕
情	常常親近自然，愛護生命

22. 依照文中描述，在作者阿公年代至作者兒子的年代，這棵大樹的生命力如何？（本題可以讓學生討論，並在黑板圖示。）

參考答案 這位老朋友大樹的生命力，在阿公及爸爸的年代，十分強壯；在作者孩子年幼時，已經衰落了。期許孩子長大時，大樹能充滿信心地茁長，蓊鬱成一片樹海。

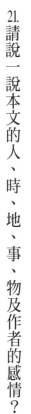

大樹的生長圖

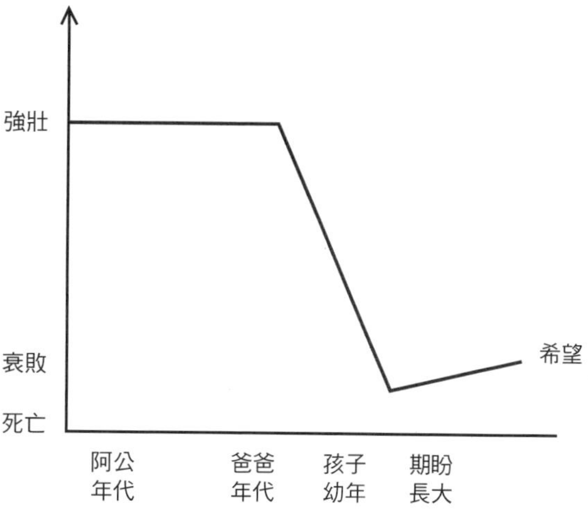

樹齡／樹形	軀幹	枝條	葉子
祖父年代	✓	✓	✓
爸爸年代	✓	✓	✓
幼子年代	✓	×	×
兒子年代	✓	✓	✓

23.請分組討論樹木有哪些功能，並推派代表提出報告。

參考答案：學生可自由作答。

樹木對人類的主要功能，分別為便利生活、環境保護及交通安全等等。

(1)便利生活：木製品可以做為生活器用。

(2)環境保護：改善環境品質，美化環境。

①調節氣候與溼度。

②淨化空氣：綠葉行道樹可行光合作用，芬多精或具有殺菌作用。

③遮蔭行人。

④防災避害。

⑤防噪音、防塵、防風。

(3)交通安全：行道樹具有誘導視線、引導或阻隔及遮光、防止眩光等作用，以確保交通安全。多種樹對生活幫助十分大。

24.讀過本文，請和同組分享你對生態保育可盡哪些心力？

（可以用圖像表示。）

■參考答案：（減碳餐：多菜少肉，多吃當季、當地的食物，減少運送時產生二氧化碳）

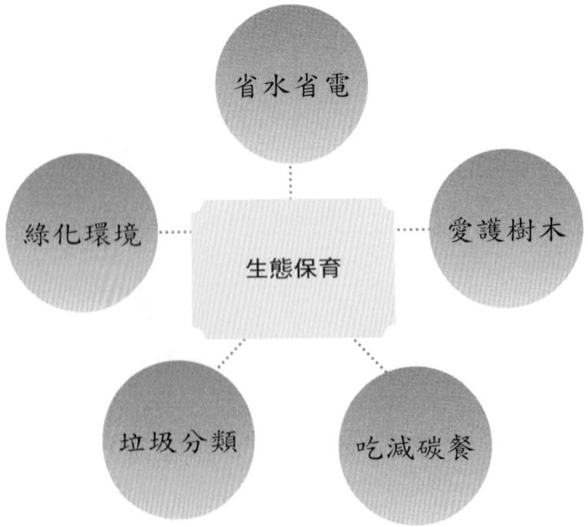

25.順詞說故事：

請運用以下幾個詞語組織文意，說出課文內容。

(1)冬末　(2)金山　(3)老朋友　(4)雀榕　(5)鳥　(6)軀幹　(7)枯枝　(8)寄宿　(9)魚網　(10)嫩葉

(11)新生命　(12)行禮

■參考圖示

順詞說故事

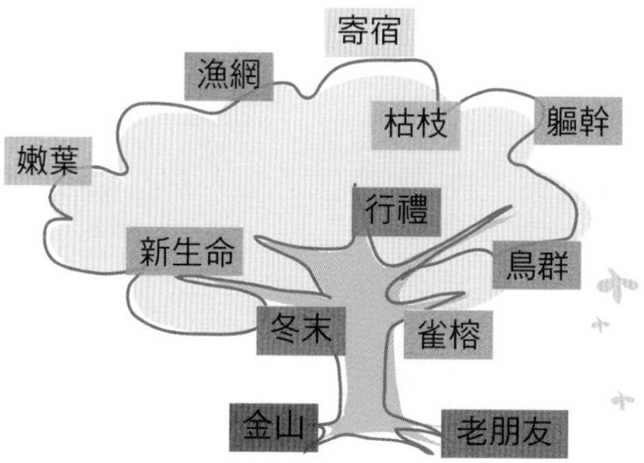

26.請依據本文內容，繪製心智圖。並說明這麼畫的理由或原因。

■參考答案：

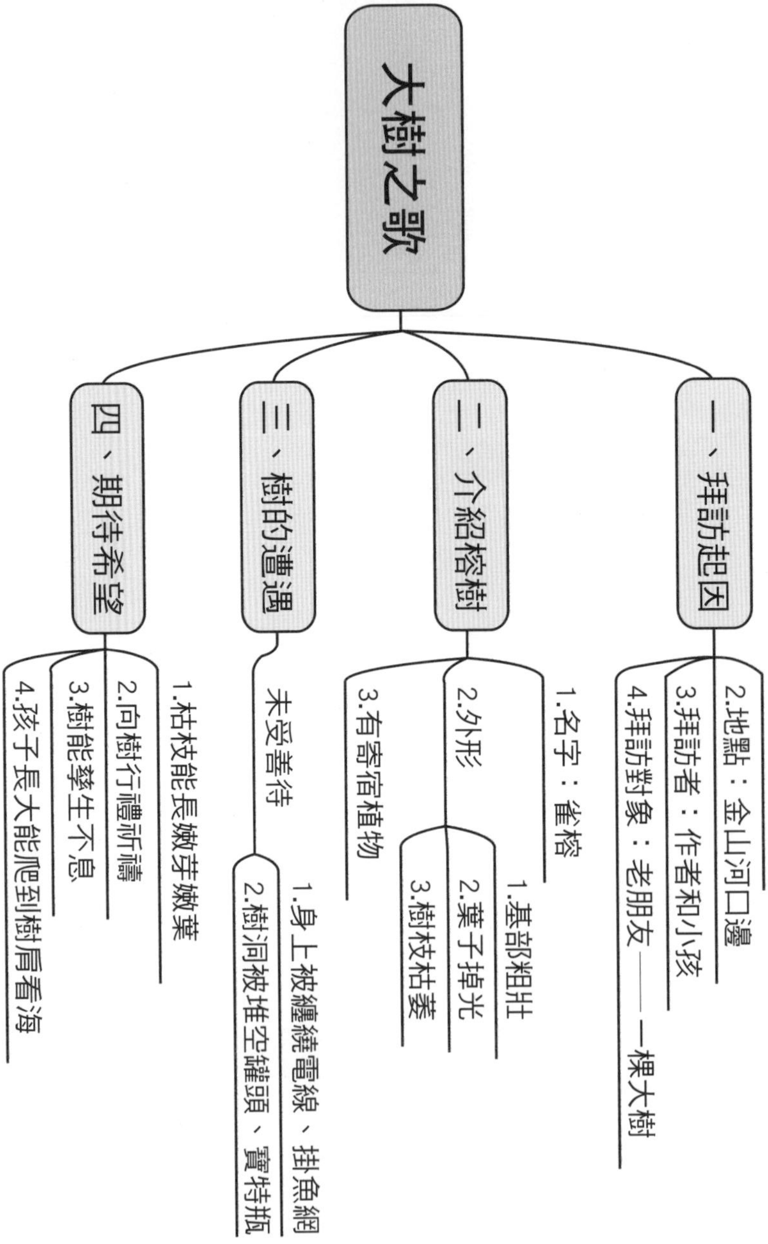
大樹之歌
一、拜訪起因
1.時間：冬末
2.地點：金山河口邊
3.拜訪者：作者和小孩
4.拜訪對象：老朋友——一棵大樹
二、介紹榕樹
1.名字：雀榕
2.外形
1.基部粗壯
2.葉子掉光
3.樹枝枯萎
3.有寄宿植物
三、樹的遭遇
未受善待
1.身上被纏繞電線、掛魚網
2.樹洞被堆空罐頭、寶特瓶
四、期待希望
1.枯枝能長嫩芽嫩葉
2.向樹行禮祈禱
3.樹能孳生不息
4.孩子長大能爬到樹肩看海

27.自然觀察寫作：我最喜愛的校樹，並錄製有聲書。

請同學們想一想，校園中，你印象最深刻或最喜歡的植物、樹木是什麼？他的形態如何？請你寫下來，自己朗讀並加以錄音，再和同學分享（可以配樂）。（200～300字）

參考字詞：綠意盎然、美麗的、溫柔的、芬芳的、優美的、湛藍、強壯

■參考答案：由同學自行創作。

◎我最喜愛的校樹

我最喜愛的樹是榕樹，他生長在後操場的西側。

他的身體有些彎曲，樹枝上有許多的鬚鬚，遠遠看像駝背的老公公。但他很強壯高大，樹葉濃密翠綠，生意盎然。夏天的時候可遮蔭，風一吹來，望著湛藍的天，真是涼快無比！上體育課，女同學總愛趁老師不注意時偷偷溜到榕樹下，頑皮的男生會爬到樹上，但總是被眼尖的老師發現。

老師說榕樹的年齡和學校一樣大，已經三十多歲了，要我們多愛護他。上次颱風來襲，他禁不住摧殘，枝椏斷了不少，還好樹身還健在。

老師教我們用榕樹葉作葉笛，將樹葉捲起來，輕輕的吹，發出「嗚嗚嗚——」的聲音，原來榕樹葉還有這美麗的功能。

榕樹，他守候著學校，也守候著我們，他彷彿是我們的親人，默默的陪著我們長大，他是我最喜愛的校樹。

（教學設計者：廖惠貞）

五柳先生傳

作者：陶淵明

課文

先生不知何許人也，亦不詳其姓字，宅邊有五柳樹，因以為號焉。

閑靜少言，不慕榮利。好讀書，不求甚解；每有會意，便欣然忘食。性嗜酒，家貧不能常得。親舊知其如此，或置酒而招之；造飲輒盡，期在必醉。既醉而退，曾不吝情去留。環堵蕭然，不蔽風日；短褐穿結，簞瓢屢空，晏如也。常著文章自娛，頗示己志。忘懷得失，以此自終。

贊曰：黔婁之妻有言：「不戚戚於貧賤，不汲汲於富貴。」極其言，茲若人之儔乎？酣觴賦詩，以樂其志。無懷氏之民歟！葛天氏之民歟！

學習目標

1. 了解作者生活的年代之時空背景。
2. 熟悉本文的內容與寫作內涵。

3. 能夠針對課文相關問題加以思辨。

【提問設計】

1. 這一課的文章題目是什麼？該強調重音的是哪一個字。
2. 本文作者陶淵明是什麼時代的人？請簡要說說當時的政治情況及社會風氣。
3. 這一篇文章在形式上有什麼特色？這種文體的內容，大致由哪三部分組成？（請參考文本作者欄的呈現方式）
4. 詳讀全文後，說出較困難的字詞，並請依據上下文句文意，推測該字詞的意思。
5. 請略述第一段的文意，並說明第一段的內容與常見的史傳文章寫法有什麼不同？
6. 本文的主角為什麼叫作「五柳先生」？你有什麼引申或聯想？
7. 請略述第二段的文意，並指出第二段主要對五柳先生作了哪些方面的介紹？
8. 關於「閑靜少言」一詞，你認為五柳先生在「閑」、「靜」、「少言」三個方向，各有什麼樣的表現？
9. 就你所知，從原文看來，陶淵明如何表現出「不慕榮利」的人生態度？
10. 根據第二段，說說五柳先生喜歡做哪幾件事。
11. 續上題，說說五柳先生不喜歡哪些事情、不在意哪些事情？
12. 關於「不求甚解」一詞，課本已有「讀書不求甚解」的討論。進一步來看，學習的過程中，什麼狀況下該「求甚解」，什麼狀況下該「不求甚解」？請說說你的看法。

13. 續上題，請說說「不求甚解」與「每有會意」之間的關係？
14. 第二段關於五柳先生的事跡描述，哪一件事描述得最詳細？作者為什麼要這樣寫？
15. 文中「少言」與「常著文章」之間有沒有矛盾，請說出二者的異同。
16. 請說出「忘懷得失」一詞的意思？並請說說五柳先生這樣的個性與生活，到底有什麼「得」，又有甚麼「失」？
17. 請指出第三段中「不戚戚於貧賤，不汲汲於富貴」二句，呼應第二段的哪些說法？
18. 第三段中的「酣觴賦詩，以樂其志」二句，呼應第二段的哪些說法？
19. 五柳先生的哪些個性表現或生活實境，讓他具有與生活在古代純樸社會的人民一樣的特色？
20. 找出全文用得最多的一個字？為什麼這個字要用這麼多次，有什麼意義？
21. 請用文章中的一句話，來代表五柳先生的一生。
22. 請朗誦下列「順口溜」，並且據以修改成更貼切妥適的說法。
五柳先生無留連，不知何人智和仁，不詳姓字享興致，不慕榮利不容易，
不求甚解求慎解，不能常得能長德，不吝去留鄰趣留，不蔽風日避諷辱，
不戚貧賤棄貧賤，不汲富貴即富貴，無懷之民知吾懷，葛天之民天之民。
23. 你的親友中如果有像五柳先生這種人的時候，你如何與他相處？
24. 你希望自己成為五柳先生這種人嗎？為什麼？

教學流程

1. 教師在黑板上寫下課題後，提出第1和第2個問題。
2. 以美讀方式示範朗讀課文，說明朗讀的注意事項。
3. 再以領讀方式引導學生朗讀課文。
4. 依據提問設計，自第3題開始，逐一提出問題。
5. 等待學生回答之後，適度說明或補充。
6. 須板書〈五柳先生傳〉（或製作PPT檔）。

教學叮嚀

1. 教師宜針對問題，多方設想學生可能提出的答案，思考如何應變與引導。
2. 提問後宜耐心等待學生回答，若無人回應，可指定學生回答問題。
3. 學生回答問題時，除了內容，教師宜注意學生的語態和表達方式。
4. 製作PPT檔時，可順便找一找與陶淵明有關的故事動畫。
5. 在讓學生畫心智圖之前，宜先說明心智圖的意義和畫的方式。
6. 提問可以依據學生的程度量力而為。

提問說明

1. 這一課的文章題目是什麼？該強調重音的是哪一個字？

參考答案

(1)文章題目是〈五柳先生傳〉。

(2)「五柳」二字該讀重音。

2.本文作者陶淵明是什麼時代的人？請簡要說說當時的政治情況及社會風氣。

參考答案

(1)晉宋時代人。

(2)政治腐敗，社會動亂，國家權力集中在幾個豪門世族手上……。

3.這一篇文章在形式上有什麼特色？這種文體的內容，大致由哪三部分組成？（請參考文本作者欄的呈現方式）

參考答案

(1)模仿史書傳記的形式。

(2)個人姓名字號及籍貫、生平事跡、贊語。

4.詳讀全文後，說出較困難的字詞？並請依據上下文句文意，推測該字詞的意思。

參考答案

(1)較困難的字詞有「輒」、「褐」、「戚戚」、「汲汲」、「儔」、「酣觴」等。

(2)字詞的意思

「輒」：往往、總是。
「褐」：粗布衣。
「戚戚」：憂慮的樣子。
「汲汲」：急切地追求。
「儔」：類。
「酣觴」：暢快地飲酒。

5.請略述第一段的文意，並說明第一段的內容與常見的史傳文章寫法有什麼不同？

參考答案

(1)交代五柳先生的姓名字號及籍貫。

(2)一般史傳都詳實記載上述資料，本文則以「不知何許人」和「不詳其姓字」來介紹主角，僅以居住處的五棵柳樹之特色，稱其為「五柳先生」。如此寫法是為了表達反對當時注重豪門世族的時代風氣。

6.本文的主角為什麼叫作「五柳先生」？你有什麼引申或聯想？

參考答案

(1)因為宅邊有五柳樹。

(2)柳樹是平民百姓常栽植的樹種（達官顯貴則多栽植松柏）。陶淵明以柳樹為名，可以引申為：不屑與當時權貴為伍而自認為只是一介平民。

(3)「五柳」聯想為「無留」，意謂無意留連於官場。

7. 請略述第二段的文意，並指出第二段主要對五柳先生作了哪些方面的介紹？

參考答案

(1)個性：閑靜少言，不慕榮利。

(2)嗜好：好讀書。性嗜酒。

(3)生活：環堵蕭然，不蔽風日；短褐穿結，簞瓢屢空。

(4)志趣：著文章自娛，忘懷得失。

8. 關於「閑靜少言」一詞，你認為五柳先生在「閑」、「靜」、「少言」三個方向，各有什麼樣的表現？

參考答案

(1)「閑」，無公務繁忙，故閑。

(2)「靜」，無塵俗應酬，且心遠地自偏，故靜。

(3)「少言」，不清談高論或批評時政，故少言。

9.就你所知，從原文看來，陶淵明如何表現出「不慕榮利」的人生態度？

參考答案：「榮」是榮華，指官位；「利」是利益，指錢財。因此陶淵明棄官隱居、躬耕讀書的生活，就是「不慕榮利」的生活。

10.根據第二段，說說五柳先生喜歡做哪幾件事。

參考答案：五柳先生閑靜少言，喜好讀書，一有所領會就會欣然忘食。也很喜歡喝酒，而且每次喝酒一定要喝醉。他也常因為寫文章抒發心情而感到快樂。

11.續上題，說說五柳先生不喜歡哪些事情、不在意哪些事情？

參考答案：
(1)不喜歡的事：不愛慕榮華與財利，不喜歡讀書拘泥字句，不喜歡喝醉了捨不得離開。
(2)不在意的事：不在意家境環堵蕭然，不在意住屋不蔽風日，不在意穿著短褐穿結，不在意飲食簞瓢屢空。

12.關於「不求甚解」一詞，課本已有「讀書不求甚解」的討論。進一步來看，學習的過程中，什麼狀況下該「求甚解」，什麼狀況下該「不求甚解」？請說說你的看法。

參考答案：
(1)科學的研究，應該「求甚解」。

文學的閱讀，可以「不求甚解」。

(2)以陶淵明而言，其讀書理解，早已深入透徹。如今回過頭來看自己讀書歷程，發現有些枝節的問題其實可以不須太在意計較。這是在融會通透書中義理之後的反思，也是讀書理解的最高境界。

13.續上題，請說說「不求甚解」與「每有會意」之間的關係？

參考答案 五柳先生對讀書的態度是不去拘泥字句，不會鑽研無關緊要的問題。因為拘泥與鑽研，常常會有僵化或穿鑿附會的情形發生。讀書應該是以意領神會文章意義最為重要。所以，「每有會意」可以有二解。一是在讀書過程中，對於書中諸多道理，能領會其中一、二道理；二是在讀書過程中，針對某一道理，不作一時強解，於日後再讀而有所體會。第一種解釋，是數量的解釋。意味諸多道理中，體會一、二，即已欣然，不強解其他道理。第二種解釋是時間的落差，一種道理，一時不能理解，無須強求，日後自然能有新體會。這兩種對「每有會意」解釋，都必須有「不求甚解」的態度作為前提。所以，在讀書的過程中，「不求甚解」可以說是「每有會意」的基礎條件；而「每有會意」是「不求甚解」的收穫成果。

14.第二段關於五柳先生的事跡描述，哪一件事描述得最詳細？作者為什麼要這樣寫？

■參考答案

(1)描寫最詳細的是「飲酒」一事。

(2)傳記之內容，本應記載主角之生平事跡。然人之一生，歷事頗豐，無法一一詳述，故大部分內容以略筆帶過，僅一、二內容以詳筆細述，從而凸顯主角之特色。飲酒一事是五柳先生最具特色的性情，故以詳筆敘述。主要表達沒有豐功偉業的讀書人，只要不戚戚於貧賤、不汲汲於富貴者，皆應有傳。

15.文中「少言」與「常著文章」之間有沒有矛盾，請說出二者的異同。

■參考答案

(1)「少言」可以指的是「少說話」；更可以指的是「不清談高論」、「不批評時政」。「常著文章」則是寫出詠懷說志的文章詩篇。

(2)話語與文章相比，前者順時順勢一霎間即脫口而出；後者字斟句酌，經長時間修改補正才產出，二者周延性不同。且在陶淵明時代，言語賈禍者不在少數，故陶淵明明哲保身，「少言」為是，若欲抒發胸臆，則常著文章自娛。

16.請說出「忘懷得失」一詞的意思？並請說說五柳先生這樣的個性與生活，到底有什麼「得」，又有甚麼「失」？

參考答案

(1)不把得失放在心上。

(2)「得」到了讀書樂、飲酒樂、著述樂、順志樂；「失」去了榮利富貴。

17.請指出第三段中「不戚戚於貧賤，不汲汲於富貴」二句，呼應第二段的哪些說法？

參考答案

(1)「不戚戚於貧賤」呼應「環堵蕭然，不蔽風日；短褐穿結，簞瓢屢空，晏如也。」

(2)「不汲汲於富貴」呼應「不慕榮利」。

18.第三段中的「酣觴賦詩，以樂其志」二句，呼應第二段的哪些說法？

參考答案

(1)「酣觴賦詩」呼應「性嗜酒」和「常著文章」。

(2)「以樂其志」呼應「自娛」和「頗示己志」。

19.五柳先生的哪些個性表現或生活實境，讓他具有與生活在古代純樸社會的人民一樣的特色？

參考答案 上古人民含哺而熙，鼓腹而遊，是一種悠閒自在的生活方式。而文中的「酣觴賦詩，以樂其志」也同樣呈現這種生活境界。

20. 找出全文用得最多的一個字？為什麼這個字要用這麼多次，有什麼意義？

參考答案

(1)「不」字。九次。分別是「不知何許人」、「不詳其姓字」、「不慕榮利」、「不求甚解」、「不能常得」、「不吝情去留」、「不蔽風日」、「不戚戚於貧賤」、「不汲汲於富貴」。

(2)「不」字表面上看來是什麼都沒有，事實上是用否定來排除世俗的限制，進而得到精神自由的境界。（請參考錢鍾書論〈五柳先生傳〉，收錄於《管錐編》第四冊）

21. 請用文章中的一句話，來代表五柳先生的一生。

參考答案

「常著文章自娛，頗示己志。忘懷得失，以此自終。」及「酣觴賦詩，以樂其志。」兩句皆可代表五柳先生的生活與志趣。

22. 請朗誦下列「順口溜」，並且據以修改成更貼切妥適的說法？

五柳先生無留連，不知何人智和仁，不詳姓字享興致，不慕榮利不容易，
不求甚解求慎解，不能常得能長德，不吝去留鄰趣留，不蔽風日避諷辱，
不戚貧賤棄貧賤，不汲富貴即富貴，無懷之民知吾懷，葛天之民天之民。

參考答案（學生朗誦後自由發言）

23. 你的親友中如果有像五柳先生這種人的時候，你如何與他相處？

■參考答案：（開放性答案，教師適時引導。）

24. 你希望自己成為五柳先生這種人嗎？為什麼？

■參考答案：（開放性答案，教師適時引導。）

（教學設計者：黃志傑）

紙船印象

作者：洪醒夫

課文

每個人的一生都會遭遇許多事，有些是過眼雲煙，倏忽即逝，有些是熱鐵烙膚，記憶長存，有些像是飛鳥掠過天邊，漸去漸遠；而有一些事，卻像夏日的小河、冬天的落葉，像春花，也像秋草，似無所見，又非視而不見——童年的許多細碎事物，大體如此，不去想，什麼都沒有，一旦思想起，便歷歷如繪。

紙船是其中之一。我曾經有過許多紙船，在童年的無三尺浪的簷下水道航行，使我幼時的雨天時光，特別顯得亮麗充實，讓人眷戀。

那時，我們住的是低矮簡陋的農舍，簷下無排水溝，庭院未鋪柏油，一下雨，便泥濘不堪。屋頂上的雨水滴落下來，卻理直氣壯的在簷下匯成一道水流，水流因雨勢而定，或急或緩，或大或小。我們在水道上放紙船遊戲，花色斑雜者，形態怪異者，氣派儼然者，甫經下水即遭沉沒者，各色各樣的紙船或列隊而出，或千里單騎，或比肩齊步，或互相追逐，或者乾脆是曹操的戰艦——首尾相連。形形色色，蔚為壯觀。我們所得到的，是真正的快樂。

這些紙船都是有感情的，因為它們大都出自母親的巧思和那雙粗糙不堪、結著厚繭的手。母親摺船給孩子，讓孩子在雨天裡也有笑聲，這種美麗的感情要到年事稍長後才能體會出來，也許那雨一下就是十天半月，農作物都有被淋壞、被淹死的可能，母親心裡正掛記這些事，煩亂憂愁不堪，但她仍然平靜和氣的為孩子摺船，摺成比別的孩子所擁有的還要漂亮的紙船，好讓孩子高興。

童年舊事，歷歷在目，而今早已年過而立，自然不再是涎著臉要求母親摺紙船的年紀。只盼望自己能以母親的心情，為子女摺出一艘艘未必漂亮但卻堅強的、禁得住風雨的船，如此，便不致愧對紙船了。

學習目標

1. 了解作者生活的年代之時空背景。
2. 熟悉本文的內容與寫作內涵。
3. 能夠針對課文相關問題加以思辨。

提問設計

1. 這一課的文章題目是什麼？該強調重音的是哪一個語詞？
2. 閱讀全文，找到並說出文章中兩個以上的人、事、時、地、物。
3. 請連結所找到的人、事、時、地、物的詞彙，串說全文。
4. 請思考本篇的文意脈絡，指出各段的表述方式是說明、敘事或抒情？並說一說理由。
5. 請依據文章的第一段，說出各類記憶的具體與抽象描述的語句？

6. 請從作者所說的「不去想」和「一旦想起」兩種心情，分析這四種記憶的異同？
7. 請用記憶時間的長短以及記憶深度的變化，說明這四種記憶的異同？
8. 請從記憶的時間長短以及心裡感受度的變化，說明這四種記憶的異同？
9. 請讀一讀「童年的無三尺浪的簷下水道」？為什麼童年的簷下水道無三尺浪，請說明理由。
10. 在第二段中，哪些屬於童年記憶的景物？哪些屬於作者內在心情的表達？
11. 承上題，請說出作者的思緒流動過程？
12. 請說明作者為什麼要用「亮麗」與「充實」來形容童年玩紙船的時光？
13. 「眷戀」是在事情過了一段時間後才會產生的心情，所以眷戀的心情必定在事件之後。請問作者在第二段中所眷戀的是什麼事物？
14. 請依據課文描述農舍簷前因雨成流的情境以及簷下水流的樣態。
15. 請說出紙船的式樣分類及航行的樣態。
16. 請從水流狀況、紙船式樣與行船樣態，三個面向來思考，作者的紙船遊戲為什麼稱為「壯觀」？
17. 請說一說作者所指的「真正的快樂」是甚麼？
18. 在第四段中作者為什麼會說紙船具有感情？
19. 母親為什麼要摺紙船？
20. 請說說作者「美麗的感情」一詞，具有怎樣的意義。
21. 承上題，說說第二、三、四段的文章脈絡或彼此之間的連結為何？

22. 請找出第五段中對童年、寫作當下、未來三階段的心情描述，說一說這三階段有什麼心情變化。

23. 作者所謂的「不致愧對紙船」的意涵是什麼？

【教學流程】

1. 教師在黑板上寫下課題後，提出第1個問題。
2. 以美讀方式示範朗讀課文，說明朗讀的注意事項。
3. 再以領讀方式引導學生朗讀課文。
4. 依據提問設計，自第3題開始，逐一提出問題。
5. 等待學生回答之後，適度說明或補充。
6. 製作PPT檔，輔助教學。

【教學叮嚀】

1. 教師宜針對問題，多方設想學生可能提出的答案，思考如何應變與引導。
2. 提問後宜耐心等待學生回答，若無人回應，可指定學生回答問題。
3. 學生回答問題時，除了內容，教師宜注意學生的語態和表達方式。
4. 製作PPT檔時，可加入紙船、簡陋古厝的照片，增進學生認知。
5. 第一節課後讓學生畫全文心智圖，課程結束後再讓學生畫一次，觀察學生對課文理解的變化。在讓學生畫心智圖之前，宜先說明心智圖的意義和畫的方式。

6. 提問可以依據學生的程度量力而為。

提問說明

1. 這一課的文章題目是什麼？該強調重音的是哪一個語詞？

參考答案

(1)紙船印象。

(2)「紙船」印象、紙「船」印象、紙船「印象」。

2. 閱讀全文，找到並說出文章中兩個以上的人、事、時、地、物。

參考答案（引導學生說出下列十個主要詞彙）

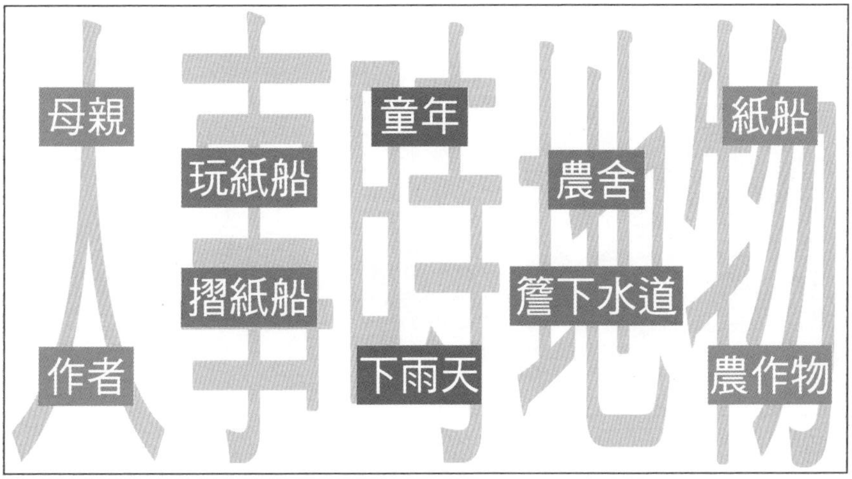

3. 請連結所找到的人、事、時、地、物的詞彙，串說全文。

參考答案：（引導學生依據PPT所呈現詞彙編號順序，串說全文。過程中協助學生整理順當文意）

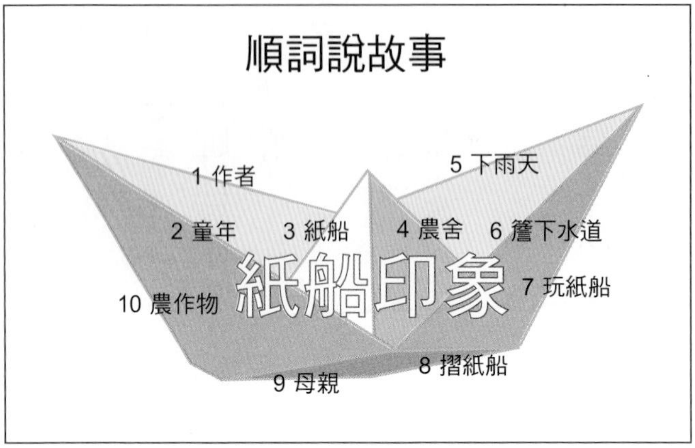

4. 請思考本篇的文意脈絡，指出各段的表述方式是說明、敘事或抒情？並說一說理由。

參考答案：（協助學生分別從第一段；第二、三段；第四、五段，概略回想段意，並分析出該段主要意旨。）

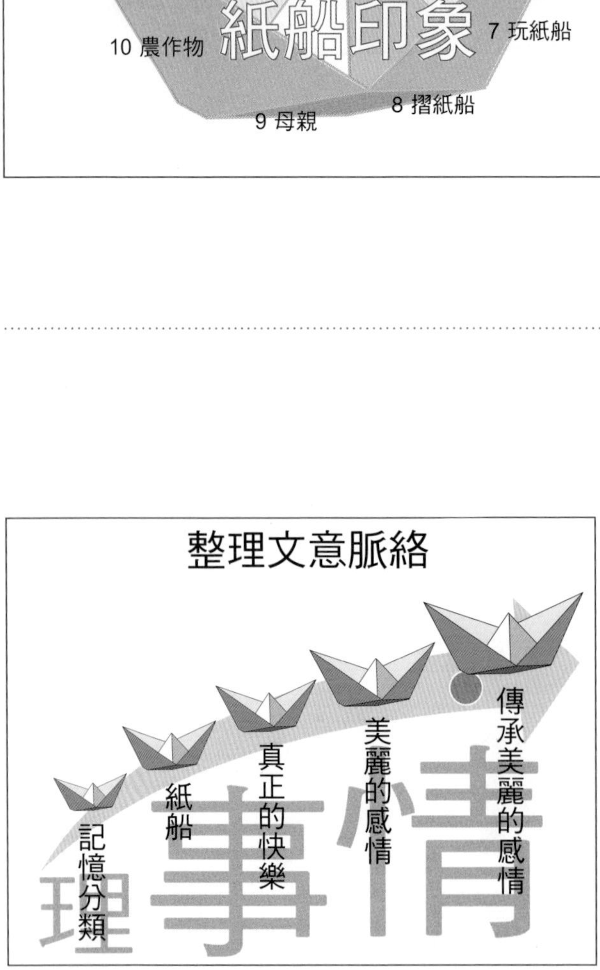

5. 請依據文章的第一段，說出各類記憶的具體與抽象描述的語句？

參考答案：（協助學生分類並說出文中語句填入表格內）

具體描述	抽象描寫	自己的實例
過眼雲煙	倏忽即逝	
熱鐵烙膚	記憶長存	
飛鳥掠過天邊	漸去漸遠	
夏日的小河、冬天的落葉、像春花、也像秋草	似無所見，又非視而不見	

6. 請從作者所說的「不去想」和「一旦想起」兩種心情，分析這四種記憶的異同？

參考答案：「倏忽即逝」與「漸去漸遠」兩種記憶是不想的時候當然沒有，就算要想，也想不起來。「記憶長存」是去想就會想起，不故意想也會想起。以上三種記憶，想與不想都是同樣的結果，只有「似無所見，又非視而不見」這種記憶較為特別，不想就沒有，要想就想起。

想不想有關係

記憶分類／想或不想	倏忽即逝	記憶長存	漸去漸遠	似無所見，又非視而不見
不想	×	○	×	×
想	×	○	×	○

7. 請用記憶時間的長短以及記憶深度的變化，說明這四種記憶的異同？

■參考答案：（依照PPT所示，協助學生由四種分類中思考各種記憶之定位）

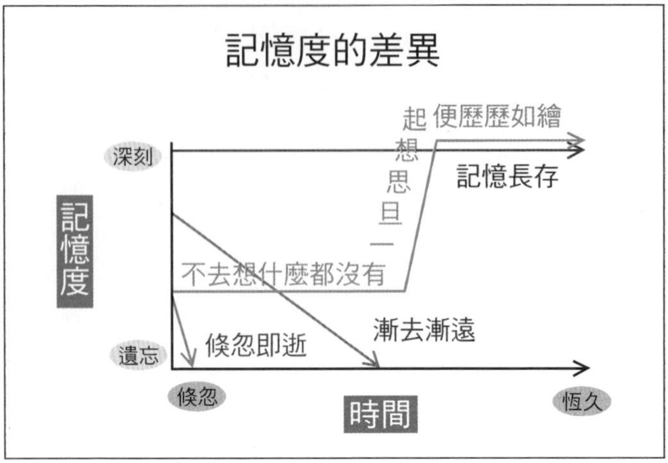

8. 請從記憶的時間長短以及心裡感受度的變化，說明這四種記憶的異同？

■參考答案：（依照PPT所示，協助學生由四種分類中思考各種記憶之定位）

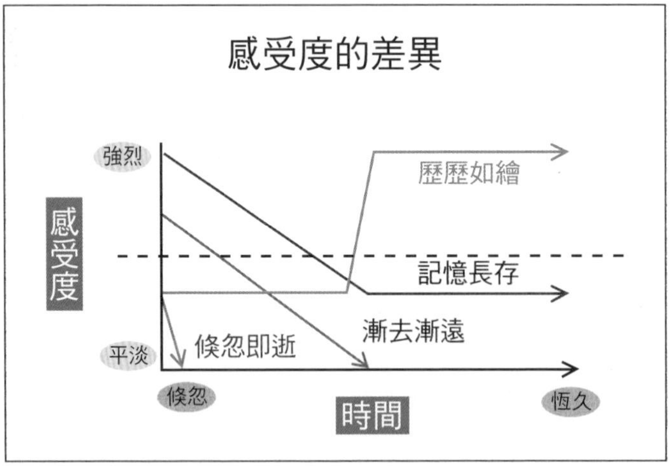

9. 請讀一讀「童年的無三尺浪的簷下水道」？為什麼童年的簷下水道無三尺浪，請說明理由。

■參考答案：三尺浪解釋成大浪，可引申成生活中所遭遇的艱難困苦，意即孩童眼中，尚未認識生活艱困。三尺浪若解釋成小浪，則無三尺浪可引申為童年生活只有快樂根本無憂無慮，連小至三尺的浪都沒有。（以解釋成小浪為佳，因為簷下水道不可能匯流積聚成三尺高浪。）

另外，「無三尺浪」一詞在形容「簷下水道」，若將之去除，則形成「童年的簷下水道」一語。表現出「簷下水道」這件事物專屬於童年。簷下水道具有無風無浪無險，不可強求而得的特性，對孩童而言，是快樂的來源。

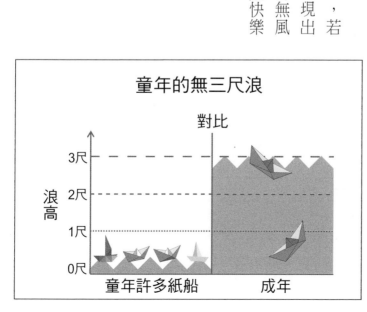

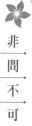

10. 在第二段中，哪些屬於童年記憶的景物？哪些屬於作者內在心情的表達？

參考答案

(1)童年記憶的景物有「紙船」、「簷下水道」、「雨天」。

(2)作者內在心情的表達有「亮麗充實」、「眷戀」。

11. **承上題，請說出作者的思緒流動過程？**

參考答案 作者先記起紙船這個實體物，接著想起了玩紙船的快樂。進一步想起了雨天情景，童年的快樂時光立時展現眼前，那深覺日子亮麗又充實的童年心情也再次浮現。隨後心思回到現在，覺得童年的雨天時光實在令人眷戀。

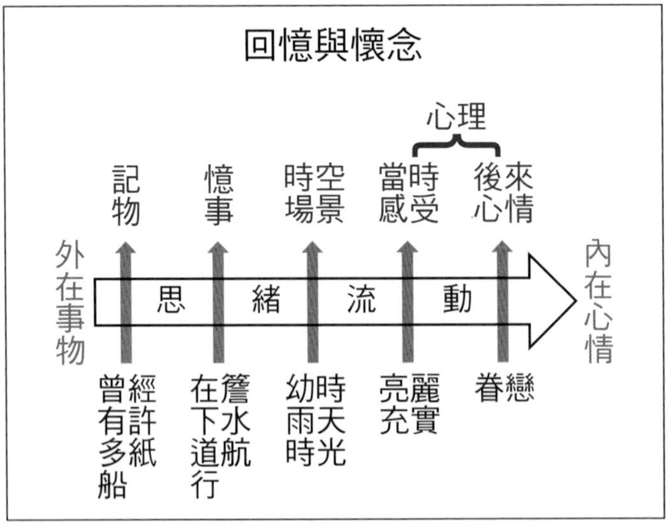

12.請說明作者為什麼要用「亮麗」與「充實」來形容童年玩紙船的時光？

參考答案（引導學生以兒童的心理來思考明明是雨天，天色昏暗，作者卻用亮麗來形容。明明是下雨天而活動受限，作者卻用充實來描述。）

因為紙船而使雨天生活亮麗且充實。

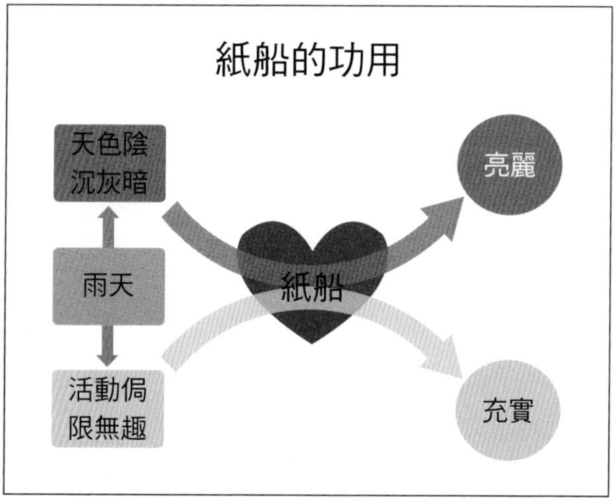

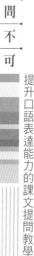

13.「眷戀」是在事情過了一段時間後才會產生的心情，所以眷戀的心情必定在事件之後。請問作者在第二段中所眷戀的是什麼事物？

參考答案 作者所眷戀的是母親美麗的感情。（美麗的感情是指母親在雨天中拋開農作物淹死的憂煩，反而用心地摺紙船，好讓孩子在無趣的雨天中也有快樂。）（請結合第11題與第20題答案，學生於此若未能答出眷戀何事，教師不妨作為伏筆，俟進行第20題時一併解說）

14. 請依據課文描述農舍簷前因雨成流的情境以及簷下水流的樣態。

參考答案 或急或緩，或大或小。

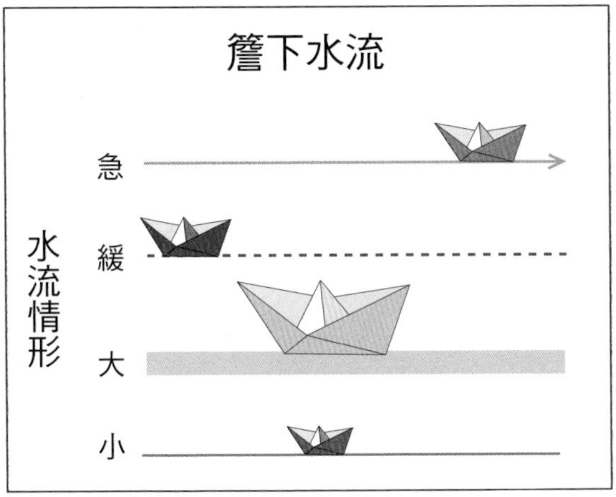

15.請說出紙船的式樣分類及航行的樣態。

參考答案

(1)紙船的式樣有：花色斑雜者，形態怪異者，氣派儼然者，甫經下水即遭沉沒者。

(2)航行的樣態有：列隊而出，千里單騎，比肩齊步，互相追逐，首尾相連。

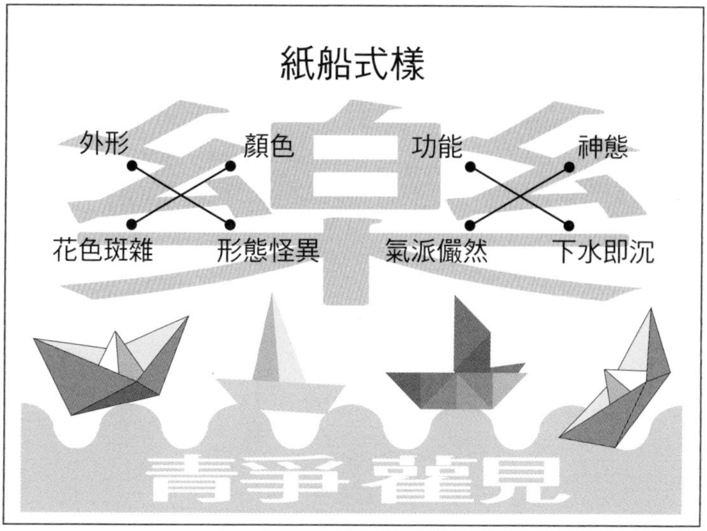

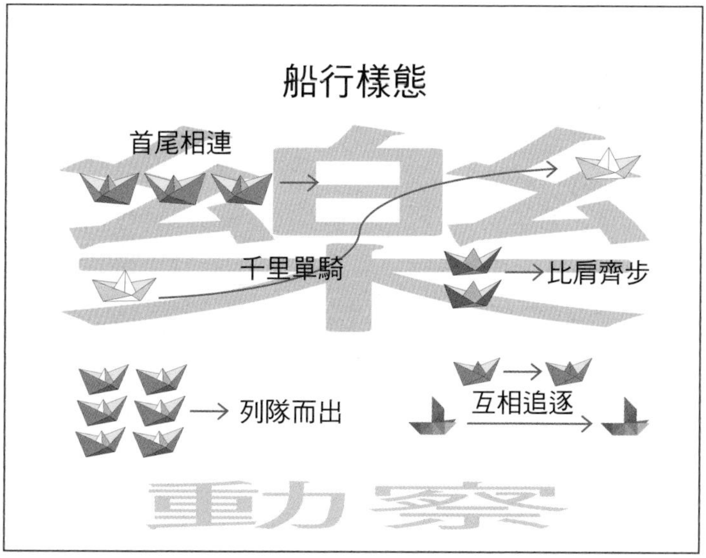

16.請從水流狀況、紙船式樣與行船樣態，三個面向來思考，作者的紙船遊戲為什麼稱為「壯觀」？

參考答案 教師先說明「壯觀」一詞之意義，再問學生紙船遊戲何來壯觀之謂。再依據PPT所示，由立體座標（X、Y、Z）三軸中，標示出三種（動察之美、水流、靜觀之美）分類之組合，說明5×4×4＝80之意涵，由此解說壯觀之意。

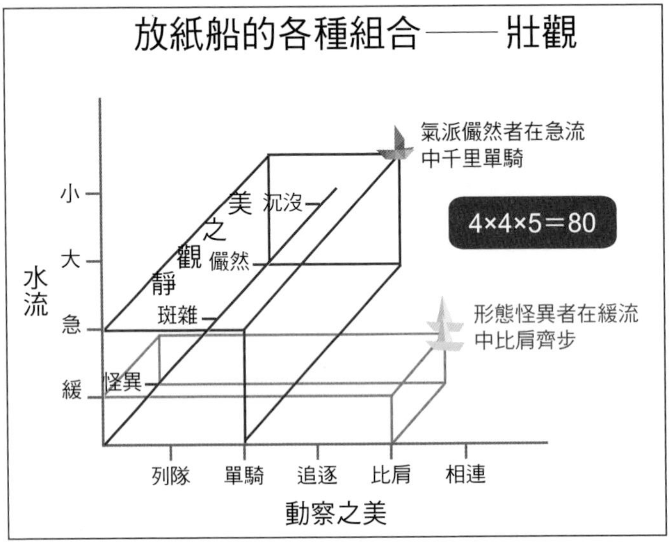

17. 請說一說作者所指的「真正的快樂」是甚麼？

參考答案 以現實層面為中軸，事物的發展本無喜樂哀愁可言，端看人們以什麼心態面對。故低矮農舍、下雨、紙船都是客觀事物，任由人們賦予不同心情對待之。

在兒童視野中，看見簷下本無水溝，後來下雨，竟形成簷下水道，放上紙船，蔚為壯觀的紙船遊戲，是兒童視野中的真正的快樂。

在精神層面從本來平淡無趣的雨天，轉折而為精采有趣的童年時光，從中得到真正的快樂。

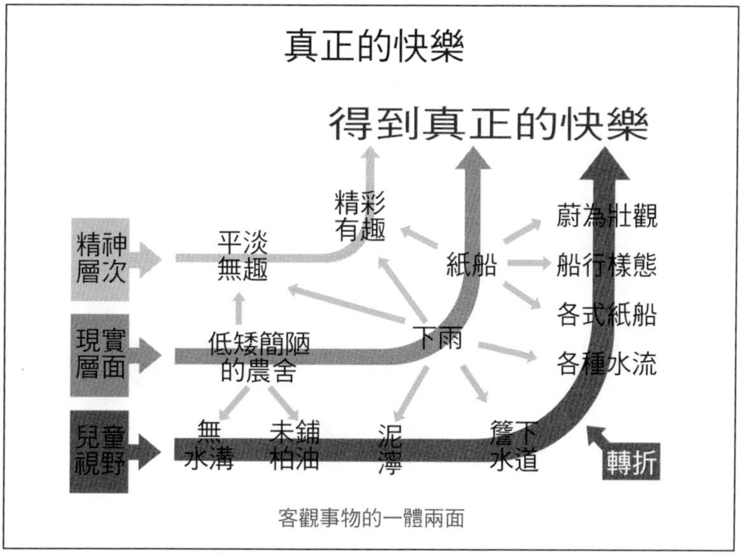

客觀事物的一體兩面

18.在第四段中作者為什麼會說紙船具有感情？

■參考答案：因為它們大都出自母親的巧思和那雙粗糙不堪、結著厚繭的手。而母親的目的就是為了讓孩子在雨天裡也有笑聲。

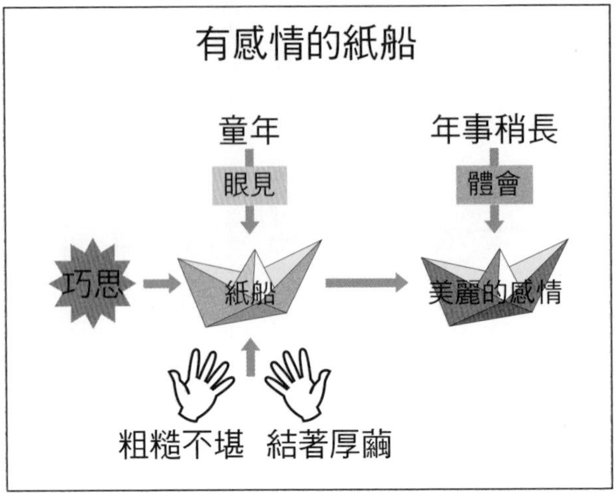

19.母親為什麼要摺紙船？

■參考答案：本句最重要的是在母親心情的轉折——不但不因物而悲傷，更能為了讓孩子有快樂的雨天時光，而轉悲情為愛心，為孩子摺船。

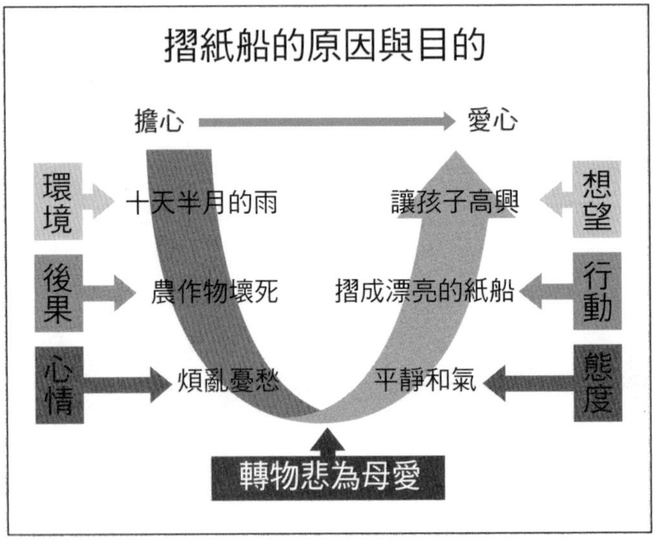

20. 請說說作者「美麗的感情」一詞，具有怎樣的意義。

參考答案（請依據PPT所示，引導學生說出何謂美麗的感情。）

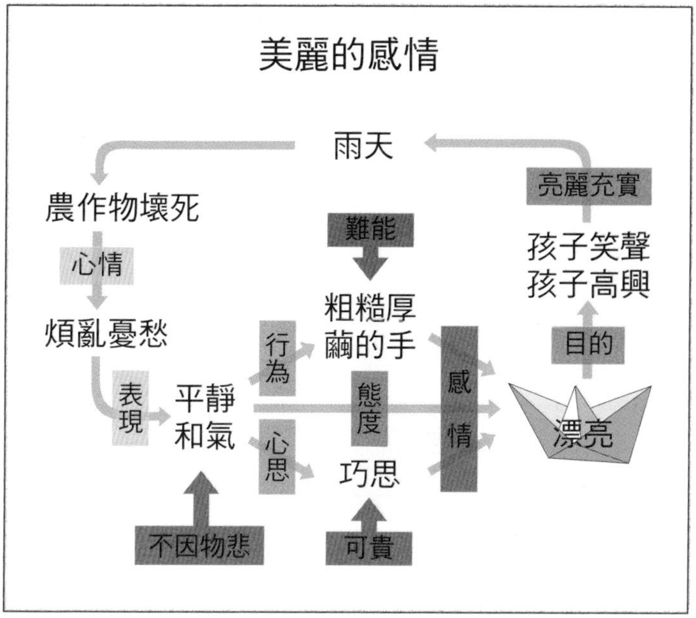

21. 承上題，說說第二、三、四段的文章脈絡或彼此之間的連結為何？

參考答案（引導學生回想第二、三、四段文意，並依照PPT所示，理出文意序列並作文意之結合與呼應）

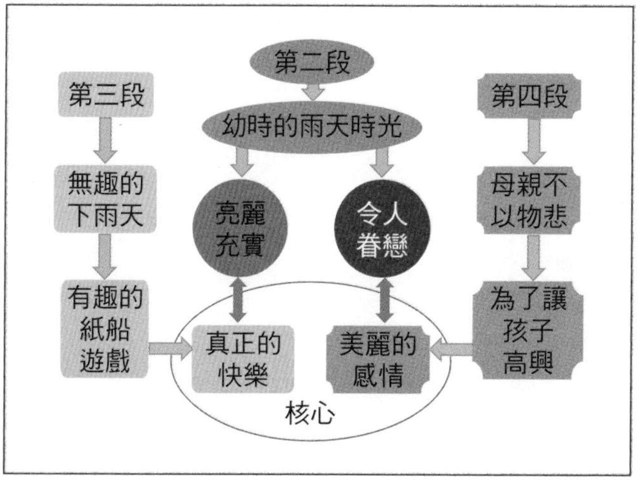

22. 請找出第五段中對童年、寫作當下、未來三階段的心情描述，說一說這三階段有什麼心情變化。

參考答案：（請依據PPT所示，引導學生逐一說出分類及思緒進程）

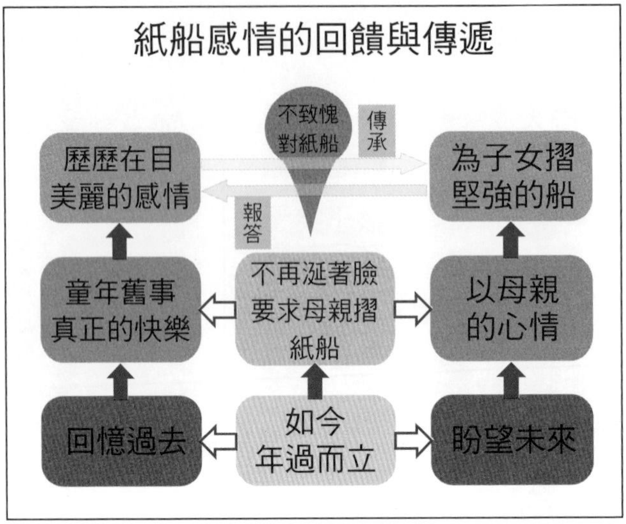

23. 作者所謂的「不致愧對紙船」的意涵是什麼？

參考答案：「船」有「傳」的意涵。因此「不致愧對紙船」可以有兩個層次的理解。一是不致愧對摺紙船的母親。二是不致愧對生命代代傳衍的責任。

（教學設計者：黃志傑）

大明湖

作者：劉鶚

【課文】

老殘告辭動身上車，一路秋山紅葉，老圃黃花，頗不寂寞。到了濟南府，進得城來，家家泉水，戶戶垂楊，比那江南風景覺得更為有趣。

到了小布政司街，覓了一家客店，名叫高陞店，將行李卸下，開發了車價酒錢，胡亂吃點晚飯，也就睡了。

次日清晨起來，吃點兒點心，便搖著串鈴滿街踅了一趟，虛應一應故事。午後便步行至鵲華橋邊，雇了一隻小船，盪起雙槳；朝北不遠，便到歷下亭前，止船進去。入了大門，便是一個亭子，油漆已大半剝蝕。亭子上懸了一副對聯，寫的是：「歷下此亭古，濟南名士多」；上寫著「杜工部句」，下寫著「道州何紹基書」。亭子旁邊雖有幾間房屋，也沒有什麼意思。

復行下船，向西盪去，不甚遠，又到了鐵公祠畔。你道鐵公是誰？就是明初與燕王為難的那位鐵鉉。後人敬他的忠義，所以至今春秋時節，土人尚不斷的來此進香。到了鐵公祠前，朝南一望，只見對面千佛山上梵宇僧樓，與那蒼松翠柏，高下相間，紅的火紅，白的雪白，青的靛青，綠的碧綠，更有一株半株的丹楓夾在裡面，彷彿宋人趙千里的一幅大畫，做了一架數十里長的屏風。

正在嘆賞不絕，忽聽一聲漁唱，低頭看去，誰知那明湖業已澄淨同鏡子一般。那千佛山的倒影映在湖裡，顯得明明白白。那樓臺樹木格外光彩，覺得比上頭的一個千佛山還要好看，還要清楚。

這湖的南岸，上去便是街市，卻有一層蘆葦，密密遮住。現在正是開花的時候，一片白花映著帶水氣的斜陽，好似一條粉紅絨毯，做了上下兩個山的墊子，實在奇絕！

老殘心裡想道：「如此佳景，為何沒有什麼遊人？」看了一會兒，回轉身來，看那大門裡面楹柱上有副對聯，寫的是「四面荷花三面柳，一城山色半城湖。」暗暗點頭道：「真正不錯！」進了大門，正面便是鐵公享堂，朝東便是一個荷池。繞著曲折的迴廊，到了荷池東面，就是個圓門。圓門東邊有三間舊房，有個破匾，上題「古水仙祠」四個字。祠前一副破舊對聯，寫的是「一盞寒泉薦秋菊，三更畫舫穿藕花。」

過了水仙祠，仍舊下了船，盪到歷下亭的後面。兩邊荷葉荷花將船夾住，擦的船嗤嗤價響。那水鳥被人驚起，格格價飛。那已老的蓮蓬不斷的蹦到船窗裡面來。

老殘隨手摘了幾個蓮蓬，一面吃著，一面船已到了鵲華橋畔了。

學習目標

1. 由老師提問問題，培養傾聽問題的能力。
2. 具有針對問題進行思辨的能力，建構學生認知歷程。
3. 學習口語表達的能力。能清楚、有條理的回答問題。
4. 瞭解《老殘遊記》一書背景與內容概要。
5. 學習遊記依序寫景的寫作手法。
6. 認識並運用作者描寫景物的寫作技巧。

提問設計

1. 這一篇文章屬於怎樣的文體？
2. 這一課有哪些字詞的意義是你不了解的？
3. 大明湖位於何處？你會選擇甚麼時間、季節、景點去觀光？
4. 從文本中閱讀，找出老殘參觀的季節。
5. 本文作者劉鶚是哪裡人？老殘為什麼會在這個時間去玩？
6. 全文寫景可以分為幾部分？
7. 老殘遊記的景點中請挑一個重點，並敘述景點的內容。
8. 承上文依序畫出老殘遊湖路線圖。
9. 老殘如何描寫千佛山的美景與湖中的倒影？（請同學分組上臺依據文本敘述、畫下並解說）

10.老殘心裡想到：「如此佳景，為何沒有什麼遊人？」請由文章中思考找出原因，回答老殘的問題。
11.根據此文，你認為老殘有什麼個人獨特的審美觀點？
12.畫畫看，如果以本課文為內容畫心智圖，你會怎麼畫？
13.文中作者寫到「忽聽一聲漁唱」，文本中如此寫法有何用意？說出你的看法。
14.老殘在濟南府「次日清晨起來，吃點兒點心，便搖著串鈴滿街踅了一趟，虛應一應故事。」請問老殘為何要如此做？
15.請以一位解說員的身分作說明，介紹「歷下此亭古，濟南名士多」此幅對聯的主要特色是什麼，並說明其特殊之處？
16.大明湖文末以「老殘隨手摘了幾個蓮蓬，一面吃著，一面船已到了鵲華橋畔了」作結，卻不以下船上岸結束遊湖行程，請揣摩想像並說一說作者的心情。

【教學流程】

1. 教師在黑板上寫下課題後，播放大明湖影音檔。
2. 根據課文內容，把適當的文句填入學習單㈠空白處。
3. 本篇遊記結構完整、交代清楚，請同學完成學習單㈡。
4. 依據提問設計，逐一提出問題。引領學生進入文本老殘的遊歷路程。
5. 等待學生回答之後，隨提問問題適度提出說明或補充。教師做統整。

6.朗讀文中描寫「歷下亭」、「大明湖」、「古水仙祠」的三副對聯。
7.請整理老殘抵達濟南府的觀光旅程資料，供觀光客按圖索驥，體驗老殘的旅遊經驗。
8.請學生分組企劃做一份觀光導覽專案。
9.分配工作分企劃、文宣、導遊三組，導覽「大明湖一日遊」。

【教學叮嚀】

1.準備本課教學PPT檔及有關大明湖、千佛山風景的影片、圖片，讓學生感受光影之美。
2.請同學思考老殘的立足點在哪裡？並在每一段落句標上序號。
3.教師宜針對問題，多方設想學生可能提出的答案，思考如何應變與引導。
4.提問後宜耐心等待學生回答，若無人回應，可指定學生回答問題。
5.學生回答問題時，除了內容，教師宜注意學生的語態和表達方式。
6.在讓學生畫心智圖之前，宜先說明心智圖的意義和畫的方式，訓練思考邏輯。
7.提問可以依據學生的程度量力而為。
8.請同學務必回歸文本中，從文本中運用閱讀策略找答案。

【提問說明】

1.這一篇文章屬於怎樣的文體？

【參考答案】遊記類記敘文。

2. 這一課有哪些字詞的意義是你不了解的？

參考答案：「踅」了一趟、「虛應故事」、「剝蝕」、「業已」。

3. 大明湖位於何處？你會選擇甚麼時間、季節、景點去觀光？

參考答案：山東濟南。夏季、大明湖、早上。

4. 從文本中閱讀，找出老殘參觀的季節。

參考答案：由「秋山紅葉」、「老圃黃花」即可知老殘是秋季去觀光。

5. 本文作者劉鶚是哪裡人？老殘為什麼會在這個時間去玩？

參考答案：

(1)山東。

(2)開放性答案。

6. 全文寫景可以分為幾部分？

參考答案：

(1)歷下亭。 (2)鐵公祠。

(3)千佛山及千佛山倒影。 (4)大明湖南岸

7. 老殘遊記的景點中請挑一個重點，並敘述景點的內容。

參考答案：老殘遊記的景點中以千佛山為重點中的重點。作者利用多種顏色來刻畫廟宇建築和花草樹木相間而生的生動畫面。運用「紅的火紅，白的雪白，青的靛青，綠的碧綠」等形容詞語，嫵媚中帶有雄偉，更顯出千佛山的氣象非凡。另運用譬喻法描述千佛山及千佛山倒影。景色如畫，一來將文字立體化，二來作者採剪裁手法，把風景點鋪排出來。作者在設色、取材（即層次布局）猶如畫家趙千里擅長的山水作畫一般，達完美之境。

8. 承上文依序畫出老殘遊湖路線圖。

參考答案：

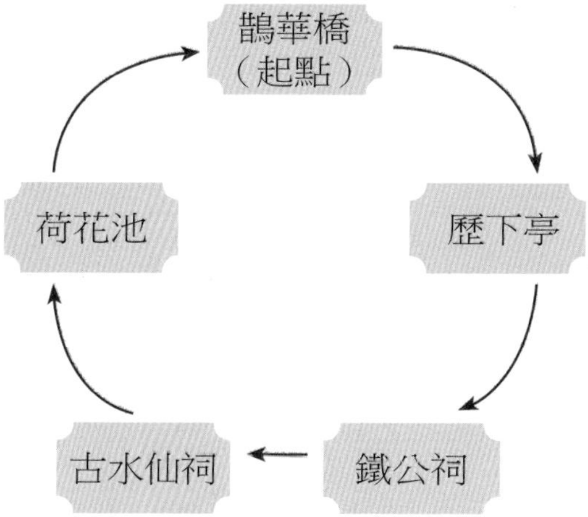

9.老殘如何描寫千佛山的美景與湖中的倒影？（請同學分組上臺依據文本敘述、畫下並解說）

參考答案　（開放性回答。）

10.老殘心裡想到：「如此佳景，為何沒有什麼遊人？」請由文章中找出原因，回答老殘的問題。

參考答案　文中描寫「荷葉初枯」、「水鳥驚起」、「蓮蓬已老」等意象，說明大明湖秋景的蕭索並呈現大明湖秋天的衰景，並呼應「如此佳景，為何沒有什麼遊人？」的原因。

11.根據此文，你認為老殘有什麼獨特的審美觀點？

參考答案　「梵宇僧樓、蒼松翠柏、一株半株的丹楓」正是千佛山的核心景觀，火、雪、靛、碧為強調夕陽光影的變化。作者獨挑秋景下筆，藉「夕陽光影」依然可鋪排出大明湖的不俗，而秋天平淡的大明湖因此有了光影色澤的變化，使平凡的千佛山變得不同，作者也因光影的神奇變化進而提升振作了心靈。可見作者獨特的審美眼光。

12. 畫畫看，如果以本課文為內容畫心智圖，你會怎麼畫？

■ 參考答案

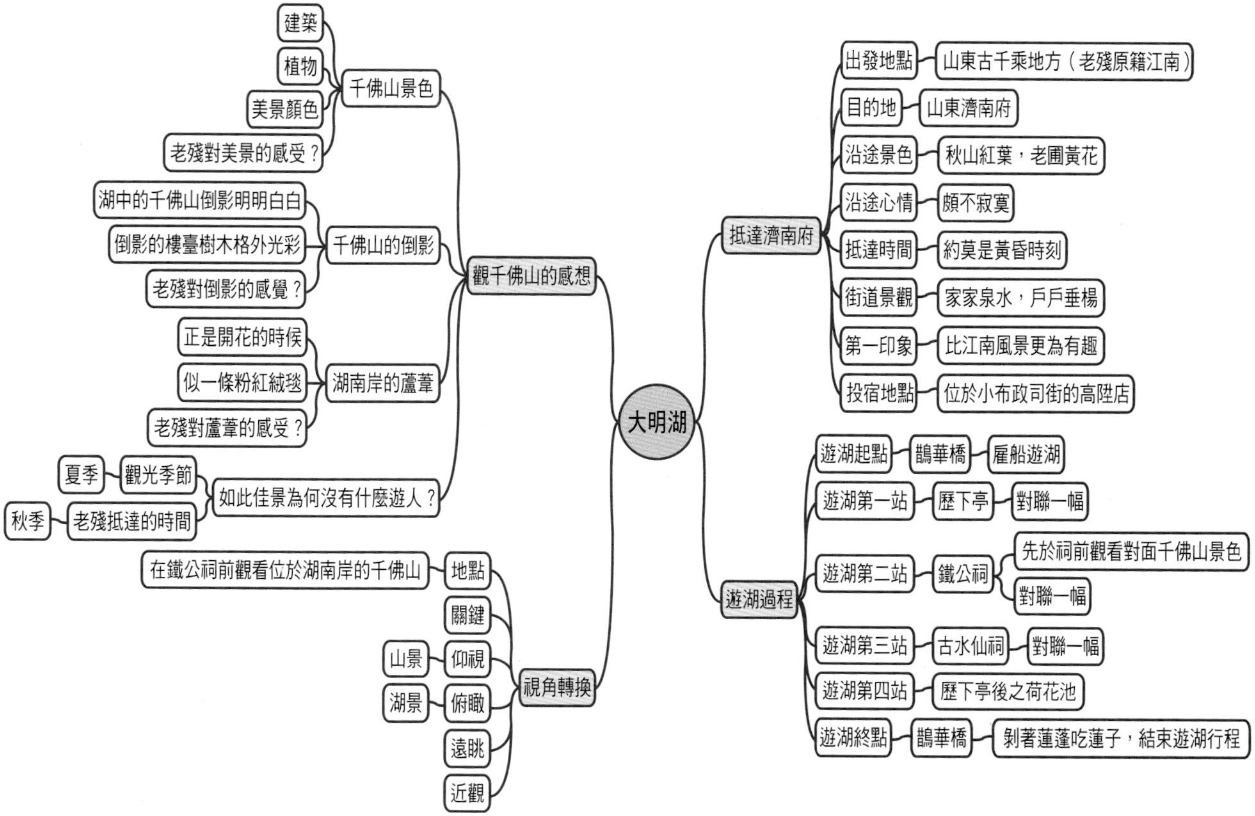

大明湖
觀千佛山的感想
千佛山景色
建築
植物
美景顏色
老殘對美景的感受？
千佛山的倒影
湖中的千佛山倒影明明白白
倒影的樓臺樹木格外光彩
老殘對倒影的感覺？
湖南岸的蘆葦
正是開花的時候
似一條粉紅絨毯
老殘對蘆葦的感受？
如此佳景為何沒有什麼遊人？
觀光季節
夏季
老殘抵達的時間
秋季
視角轉換
地點
在鐵公祠前觀看位於湖南岸的千佛山
關鍵
仰視
山景
俯瞰
湖景
遠眺
近觀
抵達濟南府
出發地點
山東古千乘地方（老殘原籍江南）
目的地
山東濟南府
沿途景色
秋山紅葉，老圃黃花
沿途心情
頗不寂寞
抵達時間
約莫是黃昏時刻
街道景觀
家家泉水，戶戶垂楊
第一印象
比江南風景更為有趣
投宿地點
位於小布政司街的高陞店
遊湖過程
遊湖起點
鵲華橋
雇船遊湖
遊湖第一站
歷下亭
對聯一幅
遊湖第二站
鐵公祠
先於祠前觀看對面千佛山景色
對聯一幅
遊湖第三站
古水仙祠
對聯一幅
遊湖第四站
歷下亭後之荷花池
遊湖終點
鵲華橋
剝著蓮蓬吃蓮子，結束遊湖行程

13. 文中作者寫到「忽聽一聲漁唱」，文本中如此寫法有何用意？說出你的看法。

參考答案 此為作者有意採用的寫作技巧，「漁唱」在此有「視角轉換」的功用，由歎賞千佛山美景，因聽見湖上之漁唱聲而將目光轉向湖面，所以看見湖中千佛山倒影之美。

14. 老殘在濟南府「次日清晨起來，吃點兒點心，便搖著串鈴滿街趲了一趟，虛應一應故事。」請問老殘為何要如此做？

參考答案 因為老殘主要是寫遊歷大明湖，此段非重點，故用「虛應一應故事」簡單帶過。

15. 請以一位解說員的身分作說明，介紹「歷下此亭古，濟南名士多」此幅對聯的主要特色是什麼，並說明其特殊之處？

參考答案

(1) 出處：杜甫陪李北海宴歷下亭：「東藩駐皂（一作「皁」）蓋，北渚臨清河。海右此亭古，濟南名士多。雲山已發興，玉珮仍當歌。脩竹不受暑，交流空湧波。蘊真愜所遇，落日將如何？貴賤俱物役，從公難重過。」此聯是從杜甫這首詩的第二聯衍化出來的。

(2) 特色：運用地名、對仗整齊，立意極佳又切合實際。

(3) 文意：前句說明濟南的歷史悠久，後句是說人才輩出與人物的鼎盛，合起來等於說濟南是個「地靈人傑」的地方。

16. **大明湖文末以「老殘隨手摘了幾個蓮蓬，一面吃著，一面船已到了鵲華橋畔了」作結，卻不以下船上岸結束遊湖行程，請揣摩想像並說一說作者的心情。**

參考答案：作者描寫由水仙祠回程中，船穿過荷叢所發出的聲響，以及水鳥驚起、蓮蓬入窗的奇景佳趣。最後以「船已到了鵲華橋畔了」作結，而不說上岸結束旅程，且與第三段相呼應，更顯露了老殘遊興未盡的意味。

（教學設計者：葉書廷）

銀劍月光

作者：廖鴻基

【課文】

月光灑落，水波上浮漂著銀白亮點，船身輾過海面月光，翻溢出一陣陣彷彿玻璃冰裂的脆響。

才出港不久，海湧伯仰頭看了看西南天空上的大塊積雲，加足了馬力。我們要在月亮進入雲層前，趕到大約二十公里外一處叫「橄仔樹腳」的漁場。這個漁場這幾天有很好的白帶魚收穫。

農曆十五，月圓，大潮水，我們預料白帶魚將在今夜傾巢而出。

我提住一桶海水，沖澆到甲板上一箱凍成硬塊的秋刀魚身上。每尾秋刀魚大約二十公分長，飽滿肥碩，是吸引白帶魚上鉤的鮮美餌食。

船身飛快，排氣管上噴出零星火花，一頃月光往船後傾斜挪移。一股股長浪舉出銀白雪峰，浮浮沉沉，從天邊張挺著一路湧向船舷。月光煥照，海上低空揉合海洋顏色浮現大片沉藍光幕，四周靜謐，所有聲音似乎都被摒隔在沉藍光幕外。船聲空空洞洞，似遙遠天際傳來的回響。月光海洋顯露出女性懷抱的溫柔，船隻似沉溺在那無底深沉的溫柔裡而急欲掙脫。

海湧伯沉默不語只顧加緊馬力，氣溫陡降，藍藍月色盤繞糾纏。

左舷側，一尾鰮魚跳出水面。月光在牠身上敷出一層銀霜白粉。才落水洗淨，又爭著跳出水面沾染月光。

海洋似乎不曾休息，月夜海洋，四處蠢動著生機。每當日落月起，白帶魚——月光海洋的主角，從白日潛藏的深暗海底出巢，循著月光擴散浮游。牠們從一兩百公尺深的陰暗海底迅速浮起，海洋生物學對白帶魚這樣的移動叫做「垂直位移」，這是一段艱苦的過程，因為只有少數魚種能夠忍受如此快速而且頻繁的昇降水壓變化。晨曦一起，牠們又得再次位移，深深潛入陰冷的海底蟄伏，如地獄釋放的鬼魂，見不得白日亮光。

在白帶魚傾巢而出的夜晚，我常常聽見海面上牠們發出的呻吟喘聲，如淒愴呼嘯的颯颯風聲，也許，那只是牠們在咬住獵物後甩擺掙扎的聲音，但我的確聽見了牠們，像是飢餓寒冷的呻吟。

趕到漁場，已經有一、二十艘船在這裡捕魚。點點黃澄澄漁火散遍漁場海域。我們從阿溪伯金發漁號船邊駛過，阿溪伯認出是海湧伯，對我們大喊，將一尾白帶魚舉過頭頂向我們炫耀。那尾白帶魚有阿溪伯身高那麼長，有兩掌合併一起那麼寬，大片銀光煥照著阿溪伯得意的神態。

月光下，那真是一把雄偉的銀劍。

「×！來得太晚了。」海湧伯罵了一聲，推掉引擎，匆匆把秋刀魚掛在一串三腳魚鉤上，點上一盞誘魚燈，拋下魚餌。我和海湧伯各自看顧三條釣絲，兩根釣絲用竹竿撐在船舷外，一根握在手裡，三根釣絲深淺不同，肥美的秋刀魚會在不同流層裡漂晃、誘舞。

海湧伯曾經告訴過我，白帶魚吃餌時，不要立刻拉動釣絲，因為牠會先把魚餌「含」在嘴裡，一陣子後，才張開大口吞食。我記得那時，海湧伯抬頭看了看迷濛月光，又補充一句：「記著，少年家，牠不是普通魚仔。」

牠不是平常善泳魚類以迅速及壯碩身軀奮猛追殺獵食。牠善用虛幻月光，如隱身夜暗中的幽靈，牠陰狠咬住獵物，像要刨挖獵物深沉的靈魂，三對尖牙立樁打釘般，深深釘入獵物身體裡，直到獵物結束性命。

有一次，我在拔下一尾上鉤白帶魚嘴裡的魚鉤時，一不小心，小指根部被牠咬住。像一把強力鐵鉗，牠硬是把嘴尖長牙釘入手指皮膚直達骨頭。那是疼到骨子裡幾近麻痺昏厥的痛。

我頭一次出海跟海湧伯抓白帶魚時，常聽到船上對講機傳來作業漁船的對話。這裡一句「阿公」，那頭一句「阿公」。我問海湧伯，「阿公」是什麼？我記得海湧伯回答說：「像我那麼老，像我那麼長，就叫做阿公。」

「阿公」畢竟不同，海湧伯把牠拉到船邊，不敢一下子提牠上來。總要等海浪攀上舷邊時機，一鼓作氣把牠甩上甲板。果然是「阿公」！那頭殼嘴尖稜稜角角泛灑出銀綠光澤，如海湧伯臉上的風霜皺紋，那長牙耀閃刀鋒光芒如三對銀亮匕首晃動比劃，那透明長條背鰭掮起波波浪紋如鼓鼓湧動的潮水，那身子銀光閃閃如一疋銀緞迤邐。我不敢上前碰牠，怕壞了牠的神氣和美麗。我老是覺得，像海湧伯這樣的「阿公級」老漁人，才能觸碰那幾乎已變成海洋精靈的大尾銀劍月光。

海湧伯說，這是一尾「瘦帶」。跟海湧伯抓白帶魚許多年，我始終搞不懂「瘦帶」和「油帶」如何區分。每次問海湧伯，他老是回答說：「『瘦帶』卡肥，『油帶』卡瘦。」我始終搞不懂海湧伯在說些什麼。

後來從別的漁人口中才知道，「油帶」習慣在近岸淺礁處覓食，「阿公級油帶」早被沿岸汙染和過度捕撈變得稀少；「瘦帶」通常在離岸較遠的海域活動，遠離海岸的緣故，仍有較多的「阿公瘦帶」留存。想想海湧伯矛盾顛倒的回答，也確是現況事實。

月光沒入雲層裡，海面燦亮的銀光陡然消逝。船尾燈泡搖晃著暈黃，一圈光影外，就剩下稠濃如墨的暗。

白帶魚隨著月光沒入，突然消失無蹤。釣絲靜悄悄斜入黑暗裡。海湧伯幾次拉起釣絲，調整深度，仍然沒有白帶魚魚訊。漁場裡幾艘船隻開始移動，有的往外海遠去，有的衝進灣底淺灘，漁人開動船隻各自在黑暗海上搜索銀劍月光的蹤跡。

夜暗海洋並未因銀劍月光的離去而沉眠靜寂，各種生命像永遠不曾疲憊的潮浪，一波波湧打船舷。海洋主角，遞嬗更移。就那小小一圈燈影下，我們看到了繁華及消逝。月光已經隱去，我們無法想像燈影外的無盡黑暗裡，接下來，海洋將在船邊排演何種戲碼？

海湧伯收起釣絲，並沒有移動船隻的打算，他坐在船尾板上，面對船尾大片黑暗，似乎專注的在傾聽什麼。

一顆明亮星辰浮起東方天際，西風緩緩吹起，潮流急轉。

一響、兩響，海湧伯手掌輕拍在船尾板上，遠遠暗處響起零落拍水聲；三響、四響……海湧伯手掌節奏變得急切有力。水聲由遠漸近。

海湧伯拋下魚餌，叫破窒悶的黑暗，高聲嚷道：「倒轉來啦，倒轉來啦！天色轉普光前，牠們倒轉來啦！」

東邊天際淺露一絲灰白，月光從西天雲縫斬落一道銀光，斜照海面。

是月光對黑暗海洋的最後一瞥，我和海湧伯都已明白，牠們即將潛伏離去。

濛濛海上，我又聽到銀劍月光淒淒呻吟。

學習目標

1. 由老師提問，培養傾聽問題的能力。
2. 具有針對問題進行思辨的能力。
3. 了解口語表達的能力。
4. 習慣於清楚、有條理的回答問題。
5. 了解海洋文學的背景。
6. 熟悉本文的內容與寫作內涵。
7. 能夠針對課文相關問題加以思辨。

提問設計

1. 閱讀〈銀劍月光〉一文，作者主要在描寫哪三部分？
2. 文章的場景發生在何處？作者如何描寫橄仔樹腳的漁場場景？這樣的寫法有什麼作用？
3. 文中為什麼海湧伯說：「牠不是普通魚仔」？白帶魚有什麼特別之處？
4. 作者用什麼口吻形容白帶魚為「銀劍」，如何描述阿公級銀劍月光的模樣？

5. 白帶魚具備什麼優勢可以讓牠在海中「垂直位移」？
6. 本文中哪裡點出捕白帶魚的最佳時機？
7. 文中哪些文句說明白帶魚生態的特殊習性？
8. 作者如何描寫白帶魚發出的聲音？
9. 為什麼海湧伯要加足馬力、急赴漁場？
10. 文中哪裡可看出討海人對白帶魚的評價？
11. 白帶魚雖不像善泳魚類以速度及壯碩身軀奮勇追殺獵食，卻有什麼優勢？
12. 作者如何形容記憶中第一次出海所捕獲的白帶魚？（作者怎麼樣形容白帶魚的凶狠）
13. 從文中哪些句子可見海湧伯捕魚的豐富經驗？
14. 作者在文字的描寫上有誇張文字華麗之處，請將它們找出並說出來。
15. 「濛濛海上，我又聽到銀劍月光淒淒呻吟」，作者結尾這樣的寫法有何作用？目的是什麼？
16. 承上題，這樣的寫法能否有效的凸顯阿湧伯形象的魅力？最後他們是否有捕到魚？
17. 海湧伯的角色在整篇文章中有何重要性？
18. 作者在這篇文章中想要表達何種生命哲學？
19. 「是月光對黑暗海洋的最後一瞥，我和海湧伯都已明白，牠們即將潛伏離去。」句中的月光是否有特殊的意涵？
20. 在大家的眼中，你認為海湧伯是位怎樣的漁夫？
21. 作者用什麼來表達他對海湧伯的敬重？

22. 文中海湧伯如何與白帶魚展開鬥智的遊戲？
23. 作者的寫作目的是什麼？
24. 出海一段，作者應用實景與虛景的描寫手法。文中何處是實景？何處是虛景的描寫？（依據文本進行說明）
25. 畫畫看，如果以本課文為內容畫心智圖，你會怎麼畫？
26. 相關延伸閱讀：老人與海。

【教學流程】

1. 了解海洋文學的背景。
（定義：以海洋與海上生活為書寫對象的作品）
2. 熟悉本文的內容與寫作內涵：了解作者廖鴻基為什麼成為討海人？
（了解作者寫作背景：讀者心情——為著魚，還是為著海？作者心情——為著魚是生活，為著海是心情。）
作者以豐富的經驗，以及對白帶魚細膩的觀察，寫下討海人生活的片段，自然寫實、文字優美，文中使用譬喻、類疊、轉化等修辭，文字華美、誇張。文章具小說意象，情節緊湊、戲劇張力十足。
全文含義深遠，探討討海人面對海洋，捕捉魚群的哲學。
3. 討論「關懷海洋生態」議題：透過文字創作、觀看生態攝影，表達心情故事。喚起對海洋生態的重視。

4. 熟習了解銀劍月光——白帶魚。

觀看影片：（分類）

＊白帶魚的特性

夜行性：夜間出來覓食。

聚光性：夜釣時使用螢光浮標，或使用誘魚燈。

耐寒：氣候愈冷，愈可能群聚出現。

貪食：為了捕食獵物，衝到岸上。以魚餌誘捕。

蛇行：休息時頭上尾下懸在水層中。

澎湖冬季奇觀：釣白帶魚。

營養美味、夏季白帶魚油脂含量高，肉質鮮美。烹調方式：油炸、乾煎（患有痛風或血脂肪問題的人不宜多吃）

＊如何釣白帶魚？

時間：在晚上點一盞誘魚燈，拋下魚餌。白帶魚吃餌時，不要立刻拉動釣絲。白帶魚會先把魚餌含在嘴裡，一段時間後才張口大食。

＊白帶魚的習性（對應文本內容回答提問）

月光海洋的主角。

日落月起時，從白日潛藏的海底出巢，循著月光擴散浮游。

從一兩百公尺深的海底迅速浮起，要忍受快速且頻繁的水壓變化。

晨曦一起，潛入陰冷的海底蟄伏。

如地獄釋放的鬼魂，見不得白日亮光。

＊白帶魚的聲音

傾巢而出的夜晚，聽見牠們發出呻吟喘聲，如悽愴呼嘯的颯颯風聲。也像是飢餓寒冷的呻吟。猜測：也許只是牠們咬住獵物後甩擺掙扎的聲音。

＊白帶魚的外型

月光下，一把雄偉的銀劍。

代號「阿公」：像海湧伯那麼老，像海湧伯那麼長。

頭殼嘴尖稜稜角角。

長牙耀閃刀鋒光芒，如三對銀亮匕首晃動。

透明背鰭搧起波波浪紋，如鼓鼓湧動的潮水。

身子銀光閃閃，如一疋銀緞迤邐。

海洋精靈的銀劍月光。

＊白帶魚如何獵食

牠不是普通的魚仔，不是平常善泳魚類以速度及壯碩身軀追殺獵食。

白帶魚善用虛幻的月光，陰狠咬住獵物，三對尖牙釘入獵物的身體，直到獵物結束生命。

5. 閱讀「銀劍月光」文本，依據提問設計回答問題及討論。

教學叮嚀

1. 教師宜針對問題，多方設想學生可能提出的答案，思考如何應變與引導。
2. 提問後宜耐心等待學生回答，若無人回應，可指定學生回答問題。
3. 學生回答問題時，除了內容，教師宜注意學生的語態和表達方式。

提問說明

1. 閱讀〈銀劍月光〉一文，作者主要在描寫哪三部分？

參考答案 作者描述月光下的海洋，介紹白帶魚的生態習性，並陳述捕捉白帶魚的經驗。

2. 文章的場景發生在何處？作者如何描寫櫛仔樹腳的漁場場景？這樣的寫法有什麼作用？

參考答案

(1) 櫛仔樹腳漁場。

(2)「月光煥照，海上低空揉合海洋顏色浮現大片沉藍光幕，四周靜謐，所有聲音似乎都被摒隔在沉藍光幕外。」

(3) 作者極力描寫靜謐的月光海洋，用譬喻和視覺、聽覺摹寫，建構一個神祕靜謐的場景，有如拉滿弓箭蓄勢待發，屏息以待。

3. **文中為什麼海湧伯說：「牠不是普通魚仔」？白帶魚有什麼特別之處？**

參考答案 牠們能從一兩百公尺深的陰暗海底迅速浮起，海洋生物學對白帶魚這樣的移動叫做「垂直位移」，這是一段艱苦的過程，因為只有少數魚種能夠忍受如此快速而且頻繁的昇降水壓變化。

牠不是平常善泳魚類以迅速及壯碩身軀奮猛追殺獵食。牠善用虛幻月光，如隱身夜暗中的幽靈，牠陰狠咬住獵物，像要刨挖獵物深沉的靈魂，三對尖牙立樁打釘般，深深釘入獵物身體裡，直到獵物結束性命。

4. **作者用什麼口吻形容白帶魚為「銀劍」，如何描述阿公級銀劍月光的模樣？**

參考答案 「月光下，那真是一把雄偉的銀劍。」作者將阿溪伯向他們炫耀的那尾有「阿溪伯身高那麼長，有兩掌合併一起那麼寬」的白帶魚，近乎崇拜地形容為「銀劍」，恰如其分的譬喻，既說出其身形、顏色，又道出其暗夜出沒的習性，也指出其個性是尖銳鋒利，不容小覷，更暗示捕魚人恰如使劍人，是不簡單的角色。

5. **白帶魚具備什麼優勢可以讓牠在海中「垂直位移」？**

參考答案 牠們能從一兩百公尺深的陰暗海底迅速浮起，所以牠們的身體是扁長。且能夠忍受快速而且頻繁的昇降水壓變化。所以稱他們為「銀劍月光」。

6.本文中哪裡點出捕白帶魚的最佳時機？

參考答案：農曆十五，月圓，大潮水，我們預料白帶魚將在今夜傾巢而出。

7.文中哪些文句說明白帶魚生態的特殊習性？

參考答案：作者描述白帶魚與眾不同，陰鬱艱苦的移動方式：「每當日落月起，白帶魚——月光海洋的主角，從白日潛藏的深暗海底出巢，循著月光擴散浮游……晨曦一起，牠們又得深深潛入陰冷的海底蟄伏。」呼應前文「月圓、大潮水、傾巢而出」，可知牠們是生活在見不得陽光的陰冷海底的夜行動物。

8.作者如何描寫白帶魚發出的聲音？

參考答案：描述白帶魚的聲音——如淒愴呼嘯的颯颯風聲。作者敘述白帶魚的聲音，配合著陰暗的個性，充滿了肅殺之氣，一種特殊的族群，難纏的角色，那是作者長期觀察才能有的成果，也為後文留下伏筆。

9.為什麼海湧伯要加足馬力、急赴漁場？

參考答案：「趕到漁場，已經有一、二十艘船在這裡捕魚。點點黃澄澄漁火散遍漁場海域。」呼應前文「這個漁場這幾天有很好的白帶魚收穫」，漁民們蜂擁而至漁場為捕白帶魚，然阿溪伯「對我們大喊，將一尾白帶魚舉過頭頂向我們炫耀。」阿溪伯得意，帶出後文海湧伯懊惱自己來得太晚。

10. 文中哪裡可看出討海人對白帶魚的評價？

參考答案 阿湧伯對作者說：「記著，少年家，牠不是普通魚仔。」

11. 白帶魚雖不像善泳魚類以速度及壯碩身軀奮勇追殺獵食，卻有什麼優勢？

參考答案 牠不是平常善泳魚類以速度及壯碩身軀奮猛追殺獵食。牠善用虛幻月光，如隱身夜暗中的幽靈，牠陰狠咬住獵物，像要刨挖獵物深沉的靈魂，三對尖牙立椿打尖打釘般，深深釘入獵物身體裡，直到獵物結束性命。

12. 作者如何形容記憶中第一次出海所捕獲的白帶魚？（作者怎麼樣形容白帶魚的凶狠）

參考答案 作者回想自己曾被白帶魚咬過的經驗，「像一把強力鐵鉗，牠硬是把嘴尖長牙釘入手指皮膚直達骨頭。」藉以回應前述海湧伯提及白帶魚不是普通的魚，釣時要特別小心，並印證作者所描述白帶魚陰狠的習性和牠們追殺獵物的情形，加深白帶魚凶狠的印象。作者連用四個譬喻來讚嘆白帶魚的神氣和美麗，並表示對牠的敬畏。

13. 從文中哪些句子可見海湧伯捕魚的豐富經驗？

參考答案

(1)「海湧伯罵了一聲，推掉引擎，……點上一盞誘魚燈，拋下魚餌。」這次捕魚雖被阿溪伯先馳得點，海湧伯自責來得太晚，卻也不氣餒，趕快放下魚餌，等待下一次的豐收。在靜靜垂釣中，作者適時用插敘方式敘述過去和白帶魚過招的經驗。

(2)「海湧伯曾經告訴過我，白帶魚吃餌時，不要立刻拉動釣絲」，這是討海人的經驗承傳，明示白帶魚不是普通的魚，不易捕捉，要先了解牠們的習性。

(3)海湧伯能以經驗分辨「瘦帶」和「油帶」。

14.作者在文字的描寫上有誇張文字華麗之處，請將它們找出並說出來。

參考答案

(1)譬喻：晨曦一起，牠們又得再次位移，深深潛入陰冷的海底蟄伏，如地獄釋放的鬼魂，見不得白日亮光。我常常聽見海面上牠們發出的呻吟喘聲，如淒愴呼嘯的颯颯風聲。

(2)轉化：月光海洋顯露出女性懷抱的溫柔，船隻似沉溺在那無底深沉的溫柔裡而急欲掙脫。

(3)摹寫：一股股長浪舉出銀白雪峰，浮浮沉沉。海上低空揉合海洋顏色浮現大片深藍光幕，四周靜謐。

15.「濛濛海上，我又聽到銀劍月光淒淒呻吟」，作者結尾這樣的寫法有何作用？目的是什麼？

參考答案

(1)以濛濛海上只有濛濛的白帶魚呻吟聲呼應前文，也留給讀者一個想像的空間，也暗示著人生的戲碼依舊會繼續演出，生命是持續的奮鬥，討海的日子永不停歇。

(2)描述另一波又起，作者並未言明此次出擊是否有斬獲。暗示白帶魚的詭譎多變習性，也給人想像空間。

16.承上題，這樣的寫法能否有效的凸顯阿湧伯形象的魅力？最後他們是否有捕到魚？

參考答案：（開放性答案。）

17.海湧伯的角色在整篇文章中有何重要性？

參考答案：「像海湧伯這樣的『阿公級』老漁人，才能觸碰那幾乎已變成海洋精靈的大尾銀劍月光。」作者描寫捕捉「阿公級」的白帶魚，將海湧伯這種老漁人相提並論。在作者的眼中，不管對這尾白帶魚或海湧伯，都充滿無限的崇敬。

18.作者在這篇文章中想要表達何種生命哲學？

參考答案：「一顆明亮星辰浮起東方天際，西風緩緩吹起，潮流急轉。」破曉時分，西風起，主角將道別，「月光從西天雲縫斬落一道銀光，斜照海面。」海湧伯知道，天亮前，白帶魚還會回來，海湧伯叫破窒悶黑暗，要再與大海搏鬥一次。展現討海人不服輸的韌性。

19.「是月光對黑暗海洋的最後一瞥，我和海湧伯都已明白，牠們即將潛伏離去。」句中的月光是否有特殊的意涵？

參考答案：在這尾聲中，「月光」是雙關，既是天亮前的最後一道月光，也是即將離去的

「銀劍月光」的最後一瞥。

20.在大家的眼中，你認為海湧伯是位怎樣的漁夫？

參考答案：深受大家敬重的捕白帶魚高手。也是大家心中的無名英雄。

21.作者用什麼來表達他對海湧伯的敬重？

參考答案：藉著對白帶魚的形容，其實就是心中對海湧伯的敬重。

22.文中海湧伯如何與白帶魚展開鬥智的遊戲？

參考答案：海湧伯深知白帶魚習性，將魚餌放在不同的流層，捕魚的時候不立刻拉動釣絲，然後利用海浪攀上舷邊才把它甩上來。海湧伯深知潮流走向，是個老練的討海人。

23.作者的寫作目的是什麼？

參考答案：凸顯海湧伯「阿公級」漁夫的特質及無奈（也是討海人心聲）。

24.出海一段，作者應用實景與虛景的描寫手法。文中何處是實景？何處是虛景的描寫？（依據文本進行說明）

參考答案：

(1)實景→出海、漁場。(2)虛景→白帶魚。

25.畫畫看，如果以本課文為內容畫心智圖，你會怎麼畫？

參考答案

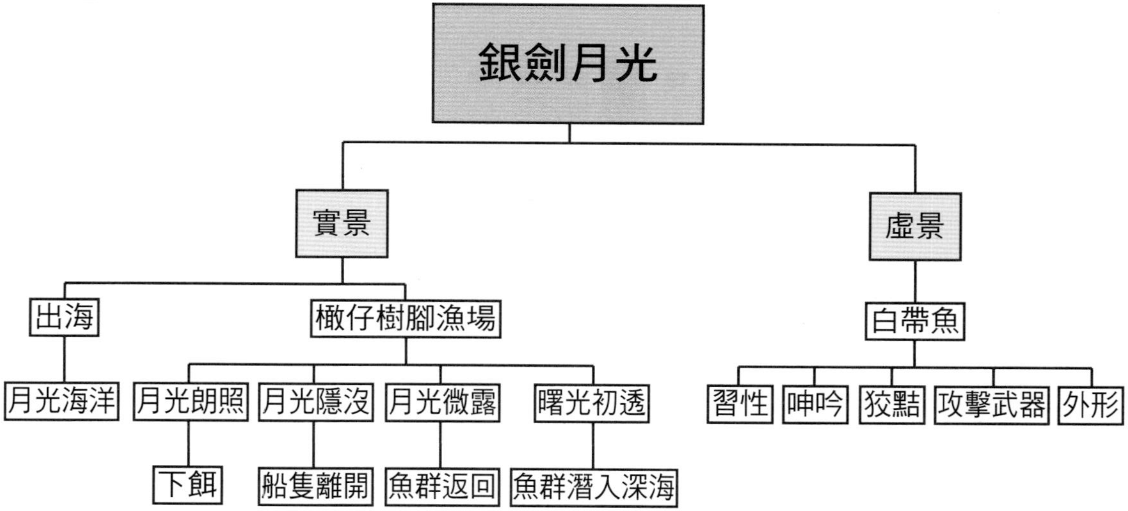

26.相關延伸閱讀：老人與海。

（教學設計者：葉書廷）

定伯賣鬼

作者：曹丕

【課文】

南陽宗定伯，年少時，夜行逢鬼。問曰：「誰？」鬼曰：「鬼也。」鬼曰：「卿復誰？」定伯欺之，言：「我亦鬼也。」鬼問：「欲至何所？」答曰：「欲至宛市。」鬼言：「我亦欲至宛市。」

共行數里，鬼言：「步行太亟，可共迭相擔也。」定伯曰：「大善。」鬼便先擔定伯數里。鬼言：「卿太重，將非鬼也？」定伯言：「我新死，故重耳。」

定伯因復擔鬼，鬼略無重。如是再三。定伯復言：「我新死，不知鬼悉何所畏忌？」鬼答曰：「唯不喜人唾。」

於是共行，道遇水，定伯命鬼先渡；聽之，了無聲。定伯自渡，漕漼作聲。鬼復言：「何以作聲？」定伯曰：「新死不習渡水耳，勿怪！」

行欲至宛市，定伯便擔鬼至頭上，急持之，鬼大呼，聲咋咋，索下，不復聽之。徑至宛市中，著地化為一羊，便賣之。恐其變化，唾之，得錢千五百，乃去。

當時有言：「宗定伯賣鬼，得錢千五百。」

學習目標

1. 能夠針對課文深入思考問題。
2. 能有條理並合理的歸納重點，表達意見。
3. 能注意抑揚頓挫，發揮說話技巧。
4. 能擔任廣播劇或其他表演藝術的演出。

提問設計

1. 這一課的文章題目是什麼？該強調重音的是哪一個字詞？（說明對篇目的理解）
2. 這一篇文章屬於怎樣的文體？
3. 你聽過哪些知名的筆記小說作品嗎？
4. 你認為筆記小說應該具備哪些要素？
5. 你認為一篇好看的小說需要有哪些條件？
6. 這一篇文章有哪些字詞的意義是你不了解的？
7. 本文包括哪幾個場景？何以見得（請找出證據）？
8. 請說明本文定伯遇到鬼的故事情節發展序列。
9. 除了課本的分段方式，本文還可以如何分段？
10. 定伯何時興起不利於鬼（賣鬼）的念頭？
11. 承上題，在朗讀到這一關鍵點時，可以怎樣表現？

12. 你認為定伯能成功賣鬼的關鍵點是什麼？為什麼？
13. 你認為宗定伯具備哪些人格特質，所以能順利擒鬼？
14. 你認為文中的鬼為什麼會被賣？
15. 全文給你什麼樣的啟示？
16. 如果你是畫家，你會給文中的鬼一個什麼樣的造型？
17. 你認為「鬼」應該符合哪些條件？
18. 文中的鬼與你想像的有什麼一樣或不一樣的地方？
19. 如果可能，你想給文中被賣的鬼什麼建議？
20. 畫畫看，如果以本課文為內容畫心智圖，你會怎麼畫？

【教學流程】

1. 請學生先瀏覽全文之後，提出問題1。
2. 教師在黑板上寫下課題後，提出第2個問題。
3. 以美讀方式示範朗讀課文（請參見所附光碟），並說明朗讀的注意事項。
4. 再以「領讀」方式引導學生朗讀課文。
5. 依據提問設計，自第3題開始，逐一提出問題。
6. 等待學生回答之後，宜適度說明或補充。
7. 作業：依本文改寫成一篇誦讀劇，分組表演。

【教學叮嚀】

1. 教師宜針對問題，多方設想學生可能提出的答案，思考如何應變與引導。
2. 提問後宜耐心等待學生回答，若無人回應，可指定學生回答問題，或讓學生分組討論後派代表回答。
3. 學生回答問題時，除了內容，教師宜注意學生的語態和表達方式。
4. 關於表演的部分，需強調角色的聲情表現，並且規劃計分方式（此項作業可視為一次平時分數）。

【提問說明】

1. 這一課的文章題目是什麼？該強調重音的是哪一個字詞？（說明對篇目的理解）

參考答案：四種不同的重音強調方式，表現出四種不同的重點。

重音	強調重點
「定伯」賣鬼	強調賣方為誰
定伯「賣」鬼	強調動作
定伯賣「鬼」	強調所賣之物
定伯「賣鬼」	強調「賣鬼」這一事件

2. 這一篇文章屬於怎樣的文體？

參考答案：有故事、情節、人物、對話，是一篇小說。

3. **你聽過哪些知名的筆記小說作品嗎？**

參考答案 紅拂女、大鼠、偷靴，可請同學說一說上述故事內容。

4. **你認為筆記小說應該具備哪些要素？**

參考答案 角色、情節、對話。

筆記小說與其他小說之不同處：文字簡短，情節、人物較簡單。同學可以舉自己所喜歡的筆記小說故事來說明上述要素的重要性。

5. **你認為一篇好看的小說需要有哪些條件？**

參考答案 此題為開放性討論題。情節有趣、高潮迭起、角色好玩。同學可依自己所讀過的作品回答，回答原則，需言之有物，言之成理。

6. **這一篇文章有哪些字詞的意義是你不了解的？**

參考答案

詞句	意義	摘釋
卿復誰？	您又是誰？	卿，您。復，又。
太亟（ㄐㄧˊ）	疲累了。	亟，通「急」，病也，這裡是疲累的意思。

詞句	意義	摘釋
共迭相擔	相輪流背負對方。	迭，音ㄉㄧㄝˊ，輪流。擔，音ㄉㄢ，背負。
鬼「悉」何所畏忌	鬼都怕些什麼？	悉，都、全。
漕漼作聲	渡河時發出水聲。	漕漼，音（ㄘㄠˊ ㄘㄨㄟˇ）形容渡水時所發出的聲響。
徑至宛市中	一直走到宛市。	徑，一直。

7.本文包括哪幾個場景？何以見得（請找出證據）？

本題設計乃基於訓練學生從文本中提取訊息，找出支持證據之原則。

參考答案

場景一：宗定伯走夜路（南陽宗定伯，夜行逢鬼）。

場景二：過河（共行，道遇水）。

場景三：宛縣夜市（至宛市中，著地化為一羊）。

8. 請說明本文定伯遇到鬼的故事情節發展序列。

參考答案

欺鬼	
招式（對話）：「我亦鬼。」	結果：贏得鬼的信任而同行。

▼

誆鬼	
招式：以「新死」為由，消除鬼的疑慮。	結果：順利應付鬼的兩次起疑危機。

▼

探鬼	
招式：以「新死」、故「不知鬼的畏忌」為由，一探鬼的虛實。	結果：成功獲得「鬼的弱點」這項情報，勝券在握。

▼

捉鬼	
招式：擔鬼急行之，（鬼）索下，不復聽之。	結果：順利將鬼帶至人多的宛市。逼得鬼只好化為羊。

▼

賣鬼	
招式：先尋得買主後賣鬼，再唾鬼，以確保品質不變。	結果：順利得錢千五百，全身而退。

9. 除了課本的分段方式，本文還可以如何分段？

參考答案

由於古文的分段是後人所為，所以可以由讀者個人理解與詮釋加以分段，本題設計，以能說出「個人所持分段理由」為主。

南陽宗定伯，年少時，夜行逢鬼。問曰：「誰？」鬼曰：「鬼也。」鬼曰：「卿復誰？」定伯欺之，言：「我亦鬼也。」鬼問：「欲至何所？」答曰：「欲至宛市。」鬼言：「我亦欲至宛市。」共行數里，鬼言：「步行太亟，可共迭相擔也。」定伯曰：「大善。」鬼便先擔定伯數里。鬼言：「卿太重，將非鬼也？」定伯言：「我新死，故重耳。」定伯因復擔鬼，鬼略無重。如是再三。定伯復言：「我新死，不知鬼悉何所畏忌？」鬼答曰：「唯不喜人唾。」於是共行，道遇水，定伯命鬼先渡；聽之，了無聲。定伯自渡，漕漼作聲。鬼復言：「何以作聲？」定伯曰：「新死不習渡水耳，勿怪！」行欲至宛市，定伯便擔鬼至頭上，急持之，鬼大呼，聲咋咋，索下，不復聽之。徑至宛市中，著地化為一羊，便賣之。恐其變化，唾之，得錢千五百，乃去。當時有言：「宗定伯賣鬼，得錢千五百。」

學生可能以「對話」分段；以「地點」分段；以「情節」分段等等。

10. 定伯何時興起不利於鬼（賣鬼）的念頭？

■參考答案

定伯復言：「我新死，不知鬼悉何所畏忌？」

定伯此時回復鎮定，想找出鬼的弱點。

此題可以開放討論，學生可能找出各種理由，在學生說明後，老師可以作澄清思慮的動作，藉以訓練學生如何將所思所感表達清晰。

11. **承上題，在朗讀到這一關鍵點時，可以怎樣表現？**

參考答案 關鍵句：

(1)定伯復言：「我新死，不知鬼悉何所畏忌？」

朗讀「不知鬼悉何所畏忌？」這句，可以強調其心中有所盤算的聲情變化。

(2)定伯欺之，言：「我亦鬼也。」

朗讀「我亦鬼也。」這句時，可以強調其誆騙的心態。

12. **你認為定伯能成功賣鬼的關鍵點是什麼？為什麼？**

參考答案

例如：文中的鬼比較笨，缺乏警覺性……，或者，文中的定伯是一個狡詐的人，連鬼都可以騙等。

此題可以開放討論，學生可能找出各種理由，在學生說明後，老師可以作澄清思慮的動作，藉以訓練學生如何將所思所感表達清晰。

13. **你認為宗定伯具備哪些人格特質，所以能順利擒鬼？**

參考答案

宗定伯：沉著無懼，戒慎不多言，表現出靈敏機智，工於心計的性格。先以巧妙的方式應答避禍，再以初為「新鬼」，請教「老鬼」的禁忌，伺機制服鬼，足見其工於心計。

14. 你認為文中的鬼為什麼會被賣？

參考答案 文中的鬼：胸無城府，憨厚愚直，在毫無防人之心的情形下終被欺騙。

15. 全文給你什麼樣的啟示？

參考答案 本文具備「寓言」、「小說」的性質。從中可學習到：

(1)臨危不亂、處變不驚，從容應付的智勇精神。

(2)對陌生人要提高警覺，不可輕信他人，否則會像文中的「鬼」一樣，為自己帶來危機。

16. 如果你是畫家，你會給文中的鬼一個什麼樣的造型？

參考答案 本文為開放性討論題，學生除了說明鬼的造型外，還可以上臺畫鬼。

17. 你認為「鬼」應該符合哪些條件？

參考答案 教師可以將學生分組討論：

地區	代表	特殊造型	出現書目（媒體）
中國的鬼	聶小倩	白衣	聊齋
臺灣的鬼	林投姐	紅衣、淒厲、凶惡	民間傳說

地區	代表	特殊造型	出現書目（媒體）
西洋鬼	皮皮鬼	中古歐洲風	哈利波特
東洋鬼		有人情味	花田一路

18.文中的鬼與你想像的有什麼一樣或不一樣的地方？

參考答案 此題可以開放討論，學生可能找出各種理由，在學生說明後，老師可以作澄清思慮的動作，藉以訓練學生如何將所思所感表達清晰。

19.如果可能，你想給文中被賣的鬼什麼建議？

參考答案 此題可以開放討論，學生可能找出各種理由，在學生說明後，老師可以作澄清思慮的動作，藉以訓練學生如何將所思所感表達清晰。

20. 畫畫看，如果以本課文為內容畫心智圖，你會怎麼畫？

■參考答案：

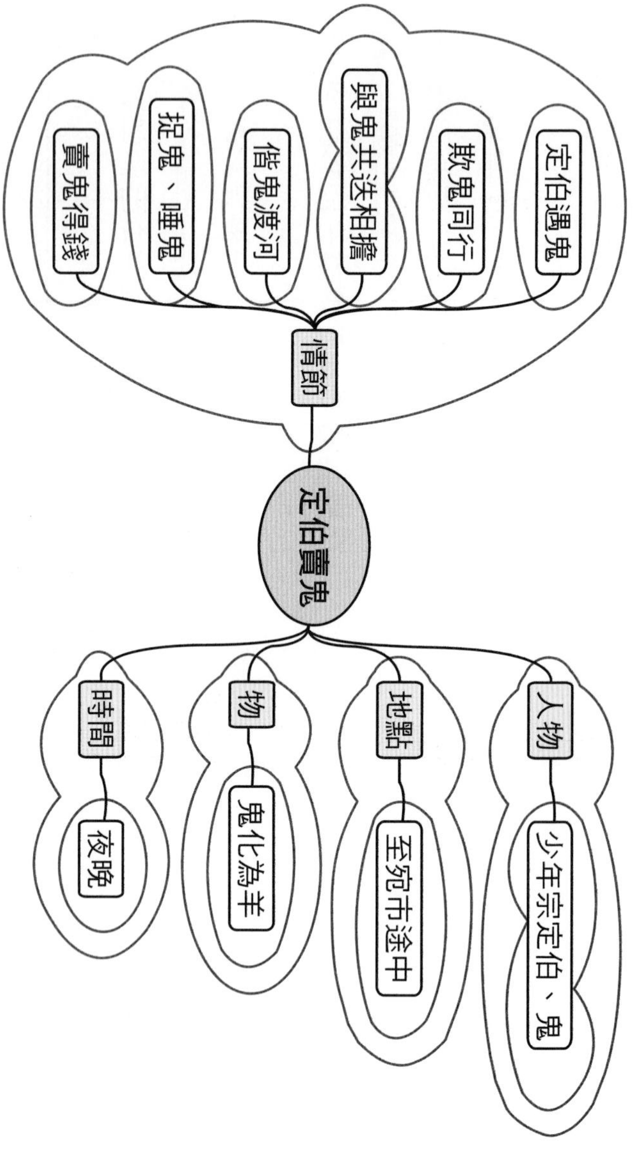

【如何朗讀】

見附錄。

◎附錄：誦讀劇本〈定伯賣鬼〉

旁白：南陽的宗定伯，年輕的時候，夜裡走路遇見鬼。

（OS：風聲。）

定伯：奇怪，怎麼莫名其妙起了一陣雞皮疙瘩？

旁白：一陣陰風吹過，驀然，一具陰影矗立在前。

定伯：呦荷！你是誰呀！

鬼：我是鬼。你又是誰？

定伯：（喃喃自語）還真是活見鬼了，怎麼辦？先矇一陣子，再看情況吧！

　　我也是鬼。（朗聲說道）

鬼：你想到什麼地方去？

定伯：想去宛縣的市集上逛逛。

鬼：我也是耶！咱們一起走吧。

定伯嘟囔：見你個大頭鬼了。
旁白：定伯一時無奈，這一人一鬼便一起上路了。
（OS：停頓數秒，有走路聲響。）
旁白：就這麼走了幾里路後。鬼說話了。
鬼：兄弟，步行太緩慢，咱們哥倆交替的背著，怎麼樣？
定伯：好啊。
旁白：鬼先背定伯走了幾里地。
鬼說：你確定是鬼嗎？怎麼這麼重。
定伯：我是新鬼嘛，所以身體重。
旁白：定伯於是又背鬼，鬼幾乎沒有重量。這樣兩次三次輪著背。定伯心想。
定伯：這鬼好像沒什麼大腦，很好騙嘛，我再試試看機不機靈？（定伯自語）
老哥，我是新鬼，不知道鬼怕什麼？
鬼說：咱們是鬼，哪有什麼好怕的，只是不喜歡人的唾沫而已。
旁白：於是這一人一鬼又繼續走著。走著走著，來到了河邊要過河。定伯讓鬼先渡過去，
聽聽，完全沒有聲音。定伯自己渡過去，水嘩啦啦響。
（OS：水流聲。）
鬼：為什麼有聲音？

定伯：老哥，我是新死的，不熟悉渡水的緣故，不奇怪。
旁白：快要走到宛市，定伯便把鬼扛在肩上，迅速捉住他。鬼大叫。
（OS：掙扎聲。）
鬼：放開我，放開我。
定伯：想得美。
旁白：定伯不聽他的。一直到宛市上才放他下地，鬼變成了一隻羊。定伯連忙在這隻羊身上吐了幾口口水。定伯找了一個好地方，蹲下來，吆喝起來，準備把羊賣了。
定伯：客倌，來看看，好大好肥的一隻羊，只要兩千文錢喔！
旁白：定伯吆喝一陣子，引來不少人駐足。
顧客：這羊還不錯，但看起來有點笨，我出一千二百錢，你賣不賣？
定伯：羊笨有什麼關係，又不用教他讀書寫字，你看他長得多肥啊！這樣吧，一千五百錢，買不買？
顧客：好吧！吶！錢在這兒，羊給我吧！
定伯：多謝啦！
（OS：銅板聲。）
旁白：於是，當時人傳說這麼一個故事——「定伯賣鬼，得錢一千五」。

（教學設計者：陳恬伶）

運動家的風度

作者：羅家倫

【課文】

提倡運動的人，以為運動可以增加個人和民族體力的健康。是的，健康的體力，是一生努力成功的基礎；大家體力不發展，民族的生命力也就衰落下去。

古代希臘人以為「健全的心靈，寓於健全的身體」，這也是深刻的理論。身體不健康，心靈容易生病態，歷史上、傳記裡和心理學中的例證太多了。

這些都是對的，但是運動的精義，還不只此。它更有道德的意義，這意義就是在運動場上養成人生的正大態度、政治的光明修養，以陶鑄優良的民族性。這就是我所謂「運動家的風度」。

養成運動家的風度，首先要認識「君子之爭」。「君子無所爭，必也射乎。揖讓而升，下而飲，其爭也君子。」這是何等的光明，何等的雍容。運動是要守著一定的規律，在萬目睽睽的監視下，從公開競爭而求得勝利的；所以一切不光明的態度，暗箭傷人的舉動，和背地裡占小便宜的心理，都當排斥。犯規的行動，雖然可以因此得勝，且未被裁判者所覺察，然而這是有風度運動家所引為恥辱而不屑採取的。

有風度的運動家，要有服輸的精神。「君子不怨天，不尤人。」運動家正是這種君子。按照正道做，輸了有何怨尤。我輸了只怪我自己不行，等我充實改進以後，下次再來。人家勝了，是他本事好，我只有佩服他；罵他不但是無聊，而且是無恥。歐美先進國家的人民，因為受了運動場上的訓練，服輸的精神是很豐富的。這種精神，常從體育的運動場上，帶進了政治的運動場上，譬如羅斯福與威爾基競選，在競選的時候，雖然互相批評；但是選舉揭曉以後，羅斯福收到第一個賀電，就是威爾基發的。這賀電的大意是：我們的政策，公諸國民之前，現在國民選擇你的，我竭誠地賀你成功。這和網球結局以後，勝利者和失敗者隔網握手的精神一樣。此次威爾基失敗以後，幫助羅斯福作種種外交活動；一切以國家為前提，這也是值得讚許的。

有風度的運動家，不但有服輸的精神，而且更有超越勝敗的心胸。來競爭當然要求勝利，來比賽當然想創紀錄。但是有修養的運動家，必定要達到得失無動於中的境地。運動所重，乃在運動的精神。「勝固欣然，敗亦可喜。」正是重要的運動的精神之一；否則就要變成「悻悻然」的小人了！

有風度的運動家是「言必行，行必果」的人。運動會要舉行宣誓，義即在此。臨陣脫逃，半途而廢，都不是運動家所應有的。「任重而道遠」和「貫徹始終」的精神，應由運動家表現。所以賽跑落後，無希望得獎，還要努力跑到的人，乃是有毅力的人。

運動家的風度表現在人生上，是一個莊嚴公正、協調進取的人生。有運動家風度的人，寧可有光明的失敗，決不要不榮譽的成功！

學習目標

1. 能有條理、有系統思考，並合理的歸納重點，表達意見。
2. 面對不同意見時，能舉證事實，有條理的進行論辯。
3. 能口齒清晰、聲音響亮、當眾發表意見，並注重言談禮貌。
4. 表達意見時，尊重包容別人的意見。

提問設計

1. 請說一說，作者寫這一篇文章的目的為何？
2. 請說一說本文的論點、論例、論證方式。
3. 你認為本文哪些段落屬於引言部分？這些段落的順序有特殊安排嗎？可以調整順序嗎？
4. 請說一說：本文有哪些論據？其排列順序為何？這些不一致的段落，其筆法繁／簡使用，有無特殊目的？
5. 依據本文的結構，你覺得的主張（本文意旨）是什麼？
6. 你覺得作者提出了哪些見解，來說明如何培養「運動家的風度」？
7. 請以本文的例子，說一說什麼是「君子之爭」？
8. 請以本文的例子，說一說什麼是「服輸的精神」？
9. 請以本文的例子，說一說什麼是「超越勝敗的心胸」？
10. 請以本文的例子，說一說什麼是「貫徹始終」的精神？

11. 你推測文章最後的結論是什麼？
12. 請說一說作者舉了哪些言例、事例來說明他的觀點？
13. 請你統整並說出本文的結構。
14. 你認為論說文的文句應當具備什麼樣的特色？
15. 畫畫看，如果以本課文為內容畫心智圖，你會怎麼畫？

教學流程

1. 分辨作者的寫作目的：

澄清本文主旨究竟是「何謂」運動家的風度？「如何養成」運動家的風度？抑或「為什麼要有」運動家的風度？

2. 找出論說文之論點、論據與論證方式。

說明：請教師先說明什麼是論點、論據、及論證方式等名詞。

◎論點：如何養成運動家的風度，有四點。

◎論據：言例、事例。

◎論證方式：舉例論證。

3.協助學生能畫分意義段，並歸納文章結構。

◎引言部分，有哪些？順序有特殊安排嗎？可調換嗎？

◎論據部分，有哪些？其排列順序為何？段落大小有一致嗎？其筆法繁／簡，有無特殊目的？為了呼應什麼？

4.引導學生深入體會本文。

◎以繪製結構圖來檢覈學生本課之學習成果。

◎以分組報告來檢覈學生對於掌握論說文結構的運用成果。

【教學叮嚀】

論說文的要素：論點、論據、論證、結論。

論說文一般結構

㈠引言：作者通常會在引言部分寫出全文的中心論點（即作者對所論述的問題的基本觀點、主張或立場），讓讀者對全文的主題有初步的概念。

㈡正文：

論據：是指論說文中用來證明和解釋論點的理論依據。

論證：是指作者運用其理論依據來證明論點的過程。

㈢結論：作者通常會在總結部分重申全文的中心論點，加強讀者的印象。

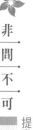

提問說明

1. **請說一說，作者寫這一篇文章的目的為何？**

參考答案 本課題有三種理解的方式，分別是：

(1)「何謂」運動家的風度？

(2)「如何養成」運動家的風度？

(3)「為什麼要有」運動家的風度？

解題說明 這一題可做開放性討論並要求學生說出其支持的理由。

(1)「『何謂』運動家的風度？」是指作者認為的運動家風度有哪些。

(2)「『如何養成』運動家的風度？」是指作者強調運動家風度的養成問題。

(3)「『為什麼要有』運動家的風度？」則是作者之所以要提出他的觀點的理由。

2. **請說一說本文的論點、論例、論證方式。**

參考答案

◎論點：如何養成運動家的風度，共有四點。

◎論據：言例、事例。

◎論證方式：舉例論證。

本題目係要求學生自行概覽全文後，依自己的初步理解，在教師引導下，依序找出論點、論例、論證方式。

解題說明 請教師先解釋論點、論據及論證方式等名詞。

3. 你認為本文哪些段落屬於引言部分？這些段落的順序有特殊安排嗎？可以調整順序嗎？

參考答案 本文前三段屬於「引言」，首段說明運動對個人與民族的影響。第二段是以古希臘人為例，做為作者論點的佐證，第三段則提出運動的道德意義，導出後面的論述。從「名言錦句法」的破題方式來看，第一段與第二段的順序或許可以對調，但為了闡明運動與民族的關連性，作者將此說明作為第一段，也是有他的道理。

解題說明 本題採開放問答，讓學生思考第一段與第二段能不能對調，對調後的效果如何？你喜歡哪一段當開頭，並要同學說出其支持的理由。

4. 請說一說：本文有哪些論據？其排列順序為何？這些不一致的段落，其筆法繁／簡使用，有無特殊目的？

參考答案 作者採用一些言例、事例來作為本文的理論依據（也就是「論據」），如：第四段引了「君子無所爭，必也射乎。揖讓而升，下而飲，其爭也君子」來說明君子之爭。第五段則引用「君子不怨天，不尤人」來解釋服輸的精神，還加上威爾基與羅斯福競選失利後的種種表現為例，清楚點出在現實生活中，怎樣的表現才吻合「服輸的精神」。第六、七段則分別用了「勝固欣然，敗亦可喜」、「言必信，行必果」來說明運動家風度中「超越勝敗」、「堅持到底」的兩個重要意義。這四個段落的寫作表現，有繁有簡，錯落有致。其中第五段「服輸的精神」，花了作者最多的筆墨，其原因可能在於作者的寫作動機，是為了挽救當時的不良社會風氣。

5. 依據本文的結構，你覺得作者的主張（本文意旨）是什麼？

參考答案：因為當時的社會現象，充斥著為了爭勝而不擇手段的不良風氣，這股風氣甚至擴及政治層面。作者為了解決這一議題，主張提倡培養運動家的風度。（教師可以斟酌補充）

6. 你覺得作者提出了哪些見解，來說明如何培養「運動家的風度」？

參考答案：要培養運動家的風度，必須要做到以下四點：分別是秉持「君子之爭」進行活動、要有服輸的精神、擁有超越勝敗的胸襟、並且能貫徹始終。

7. 請以本文的例子，說一說什麼是「君子之爭」？

參考答案：運動是要守著一定的規律，在萬目睽睽的監視下，從公開競爭而求得勝利的；所以一切不光明的態度，暗箭傷人的舉動，和背地裡占小便宜的心理，都當排斥。所以作者引用「君子無所爭，必也射乎。揖讓而升，下而飲，其爭也君子」這段話作為「君子之爭」的說明。又如：比賽中，故意違規、放水，職棒比賽打假球等，均是有違「君子之爭」的例子。

8. 請以本文的例子，說一說什麼是「服輸的精神」？

參考答案：「君子不怨天，不尤人。」運動家正是這種君子。按照正道做，輸了有何怨尤。我輸了只怪我自己不行，等我充實改進以後，下次再來。歐美先進國家的人民，因為受了運動場上的訓練，服輸的精神是很豐富的。這種精神，常從體育的運動場上，帶進了政治的運動場上，作者以威爾基為例，這種一切以國家為前提的作為，是值得讚許的。

9. 請以本文的例子，說一說什麼是「超越勝敗的心胸」？

參考答案：來競爭當然要求勝利，來比賽當然想創紀錄。但是有修養的運動家，必定要達到得失無動於中的境地。運動所重，乃在運動的精神。「勝固欣然，敗亦可喜。」正是重要的運動的精神之一，唯有超越勝敗，才能避免成為患得患失，悻悻然的小人。

10. 請以本文的例子，說一說什麼是「貫徹始終」的精神？

參考答案：能堅持到底的人，一定能做到「言必信，行必果」。臨陣脫逃，半途而廢，都不是運動家所應有的。賽跑落後無希望得獎，還要努力跑到的人，乃是有毅力的人。

11. 你推測文章最後的結論是什麼？

參考答案：作者要求國人要能培養「寧可光明失敗，不要不榮譽的成功」的運動風度。

12. 請說一說作者舉了哪些言例、事例來說明他的觀點？

參考答案

(1)「言例」：「健全的心靈，寓於健全的身體」、「君子無所爭，必也射乎。揖讓而升，下而飲，其爭也君子」、「君子不怨天，不尤人」、「勝固欣然，敗亦可喜」、「言必行，行必果」等。

(2)「事例」：以威爾基敗選後協助羅斯福的種種作為為例。

13. 請你統整並說出本文的結構。

參考答案

(1)引言（1～3段）：點出中心論點。

(2)正文（4～7段）：論例＋論證。

(3)論例：指文中用來證明和解釋論點的例子。

(4)論證：指作者運用論例來證明論點的過程。

(5)總結（第8段）：重申全文的中心論點。

14. 你認為論說文的文句應當具備什麼樣的特色？

參考答案：一般而言，寫作時，敘事不妨細膩，抒情則需出彩，論說則應簡明。也就是說論說文的寫作不同於敘事文或抒情文，應把握「言簡意賅」的原則，論述清晰，舉證切當，才是好的論說文。

15. 畫畫看，如果以本課文為內容畫心智圖，你會怎麼畫？

■ 參考答案

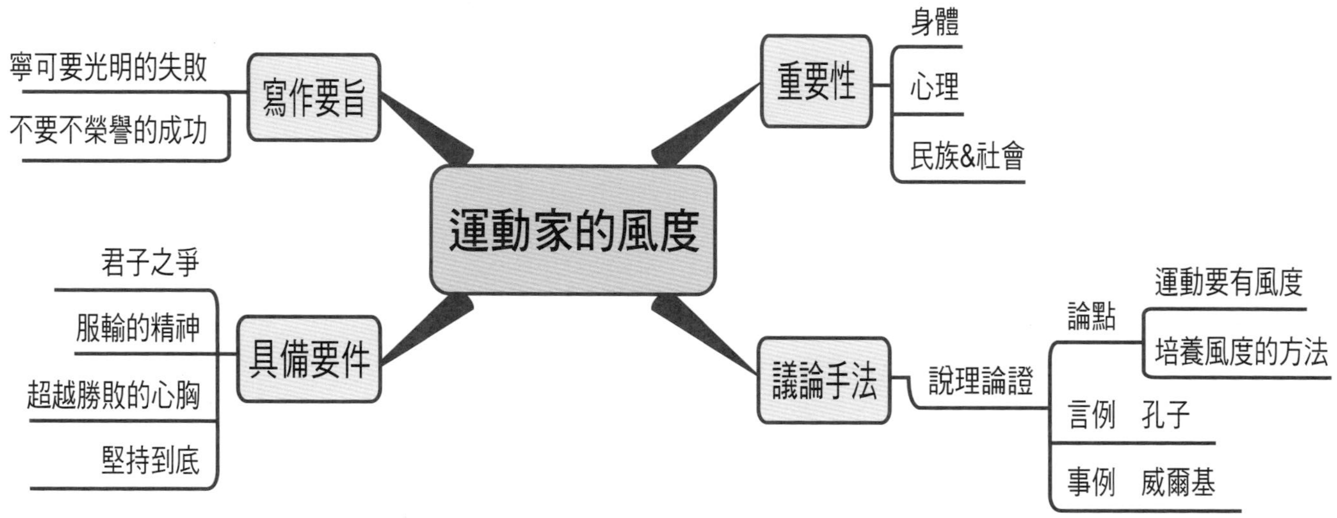

【附錄】

小組報告評分表

項目	評分				
1.論據：所提出的理由充分、具體	優	良	佳	可	待加強
2.結構：說明理由時，條理分明	優	良	佳	可	待加強
3.語言技巧：音量、語速、用詞恰當	優	良	佳	可	待加強
4.態度：報告時，從容、有理	優	良	佳	可	待加強

（教學設計者：陳恬伶）

偷靴

作者：袁枚

課文

或著新靴行市上，一人向之長揖，握手寒暄，著靴者茫然曰：「素不相識。」其人怒罵曰：「汝著新靴，便忘故人？」掀其帽擲瓦上，去。著靴者疑此人醉，故酗酒。

方彷徨間，又一人來，笑曰：「前客何惡戲耶？尊頭暴烈日中，何不上瓦取帽？」著靴者曰：「無梯，奈何？」其人曰：「我慣作好事，以肩當梯，與汝踏上瓦，何如？」著靴者感謝。乃蹲地上，聳其肩。著靴者將上，則又怒曰：「汝太性急矣！汝帽宜惜，我衫亦宜惜。汝靴雖新，靴底泥土不少，忍污我肩上衫乎？」著靴者愧謝，脫靴交彼，以襪踏肩而上。其人持靴徑奔，取帽者高居瓦上，勢不能下。

市人以為兩人交好，故相戲也，無過問者。失靴人哀告街鄰尋覓得梯才下，持靴者不知何處去矣。

學習目標

1. 了解小說中的人物塑造。
2. 能運用敘述和對話說故事。
3. 熟悉本文的情節營造與寫作內涵。
4. 能夠針對課文相關問題加以思辨。

提問設計

1. 請同學預先設想這篇文章是以哪一個身分述說「靴」被「偷」的故事？
2. 大略看過這篇文章後，請說說這一篇文章屬於什麼文類？需要具備哪些要素？
3. 你知道哪一些古典小說？
4. 承上題，說一說這些小說有哪些人物或情節使你印象深刻？
5. 你認為一篇好看的小說要有哪些條件？
6. 朗讀本篇小說時，哪些字詞的讀音是你比較不確定的？
7. 這一課有哪些字詞的意義是你比較不了解的？
8. 閱讀完本文，請試著用自己的話說一遍這個故事。
9. 本文開頭第一句「或著新靴行市上」，朗讀時重音該強調哪些字詞？為什麼？
10. 故事的場景發生在何處？請設想作者這樣安排的原因是什麼。
11. 本文包括哪些人物？他們各自扮演什麼角（ㄐㄩㄝˊ）色呢？

12. 故事出現兩個歹徒，請說一說他們的詐騙過程為何？
13. 兩個歹徒在與被害者說話時，請說一說或模仿他們的語氣和表情。
14. 被害者在面對前後兩個歹徒時，心理有什麼變化？
15. 請說明歹徒甲所採取的詐騙手法為何？推論他為何要如此做？
16. 請說明歹徒乙所採取的詐騙手法為何？推論他為何要如此做？
17. 被害者面對歹徒甲的回應是如何？
18. 被害者面對歹徒乙的回應是如何？
19. 就本文來看，旁人面對這三個人的互動，做了什麼反應？
20. 你認為被害者在何時才發現「他被騙」了？
21. 承上題，你認為被害者是怎樣的一個人？
22. 何處是整篇故事最精采的情節？
23. 你覺得整個故事情節合不合理？若是合理，請找出兩個理由。若不合理，也請找出兩個理由。
24. 你認為兩個歹徒能夠「偷靴」成功的原因是什麼？
25. 請試著想出讓人脫靴的合理理由。
26. 如果你遇到故事中「詐騙」的情境，要怎麼做才不會上當？
27. 請依據本文畫出心智圖（必須包含人物、故事情節）。
28. 請分享你曾經聽過的「詐騙」手法及故事。

教學流程

1. 教師在黑板上寫下課題後，提出第1個問題。
2. 以美讀方式示範朗讀課文，說明朗讀的注意事項。
3. 再以領讀方式引導學生朗讀課文。
4. 依據提問設計，自第2題開始，逐一提出問題。
5. 等待學生回答之後，適度說明或補充。
6. 作業：依本文改寫成一篇廣播劇，分組表演。

教學叮嚀

1. 教師宜針對問題，多方設想學生可能提出的答案，思考如何應變與引導。
2. 提問後宜耐心等待學生回答，若無人回應，可引導或指定學生回答問題。
3. 學生回答問題時，除了內容，教師宜注意學生的語態和表達方式。
4. 教師面對學生天馬行空的答案時，須將答案聚焦於本課問題上。

提問說明

1. **請同學預先設想這篇文章是以哪一個身分述說「靴」被「偷」的故事？**

■參考答案：學生可以先從題目預測文章的敘事角度。

(1)被害者：說明自己被偷靴的經過。

(2)加害者：說明自己成功偷靴的經過。
(3)旁觀者：說明有人靴被偷的經過。

2. 大略看過這篇文章後，請說說這一篇文章屬於什麼文類？需要具備哪些要素？

參考答案

(1)小說。
(2)小說四大要素：人物、情節、對話、結構。

3. 你知道哪一些古典小說？

參考答案 學生曾學過《西遊記》（選文：美猴王）、《老殘遊記》（選文：大明湖）、《三國演義》（選文：空城計）、《世說新語》（選文：王藍田食雞子）等。

教師可複習章回小說的特色，並說明其與筆記小說的相異處。

4. 承上題，說一說這些小說有哪些人物或情節使你印象深刻？

參考答案 引導學生針對小說中「人物塑造」的部分作討論。小說的情節、對話和結構大都是用來烘托人物的形象，讓人物性格更立體。

5. 你認為一篇好看的小說要有哪些條件？

參考答案 人物生動、情節發展高潮迭起且不落俗套、對話精采。

6. 朗讀本篇小說時，哪些字詞的讀音是你比較不確定的？

參考答案：教師可強調——「著」新靴：ㄓㄨㄛˊ、長「揖」：ㄧ、「惡」戲：ㄜˋ等字。

7. 這一課有哪些字詞的意義是你比較不了解的？

參考答案：長揖、酗酒、惡戲、「素」不相識、「尊」頭、持靴「徑」奔等。

8. 閱讀完本文，請試著用自己的話說一遍這個故事。

參考答案：請學生不要看著課本說。因學生程度不一，所以詳略的答案皆可接受，並予以鼓勵。萬一有學生無法完整回答，可鼓勵其他學生以接龍方式發表。

9. 本文開頭第一句「或著新靴行市上」，朗讀時重音該強調哪些字詞？為什麼？

參考答案：

重音	目的
新靴	是本次詐騙行動歹徒的主要目標。
市	發生地點。

10. 故事的場景發生在何處？請設想作者這樣安排的原因是什麼。

參考答案：

(1)市，即街市。

(2)雖然街市人潮眾多，但也因為人多，反而可以讓歹徒的詐騙手法成功進行。

11.本文包括哪些人物？他們各自扮演什麼角（ㄐㄩㄝˊ）色呢？

參考答案

著新靴者：被害者。

歹徒甲：加害者（假老友）。

歹徒乙：加害者（假善人）。

市人：旁觀者。

12.故事出現兩個歹徒，請說一說他們的詐騙過程為何？

參考答案

歹徒甲——第一步：長揖，握手寒暄。

第二步：責怪著新靴者不認識他。

第三步：掀帽擲瓦上。

歹徒乙——第一步：假意詢問狀況。

第二步：提供上瓦取帽的方法。

第三步：假好意讓著新靴者踩肩而上。

第四步：成功使被害人脫靴。偷靴徑走。

13. 兩個歹徒在與被害者說話時，請說一說或模仿他們的語氣和表情。

■參考答案

歹徒甲——「長揖，握手寒暄」：像和老友打招呼一樣熱絡。

「汝著新靴，便忘故人」：責怪他因身分不同而故意不理他，有指責之意。

歹徒乙——「前客何惡戲耶？」：仗義執言的詢問語氣。

「尊頭暴烈日中，何不上瓦取帽？」「我慣作好事，以肩當梯，與汝踏上瓦，何如？」：關心對方，幫忙出主意的熱心語氣。

「汝太性急矣！汝帽宜惜，我衫亦宜惜。汝靴雖新，靴底泥土不少，忍污我肩上衫乎？」：責怪的語氣。

14. 被害者在面對前後兩個歹徒時，心理有什麼變化？

■參考答案

	被害者心理變化
面對歹徒甲	茫然（不知他是誰？）→懷疑他是喝醉酒在鬧事→彷徨（不知如何拿回帽子？）
面對歹徒乙	找到救星，很感謝→愧謝（別人好意讓他踩肩上，還踩髒人家的衣服）→不知所措（對方已拿靴逃走，自己不知如何從屋瓦下來）

15. **請說明歹徒甲所採取的詐騙手法為何？推論他為何要如此做？**

參考答案 歹徒甲先故意「裝熟」，讓被害者不知所措、鬆懈警戒心，也讓旁觀者對於他們的舉動不疑有他。

後來丟帽到屋瓦上，是為了接下來「偷靴」設下的陷阱。

（此舉與現今電話詐騙手法相似，可引導學生進行討論）

16. **請說明歹徒乙所採取的詐騙手法為何？推論他為何要如此做？**

參考答案 歹徒乙先故意「仗義執言」，讓被害者認為這個人是站在他這一邊的，使戒心鬆懈。後來歹徒引誘被害者採取他所提供的解決方式，讓被害者一步步掉進二人的陷阱中。歹徒主動要協助被害者取帽，要讓被害者能卸下心防，主動脫靴。而讓被害者爬上屋瓦之上，也能讓他以迅雷不及掩耳的速度偷靴並逃離現場。

（此舉與現今詐騙手法相似，可引導學生進行討論）

17. **被害者面對歹徒甲的回應是如何？**

參考答案 感到茫然，回答「素不相識」。對於帽子被丟，也只認為是被喝醉酒的人胡鬧，不會想到接下來有更大的危機等著他。

18. 被害者面對歹徒乙的回應是如何？

參考答案：很感謝他，甚至為自己穿鞋踩肩而弄髒他的衣服而「愧謝」。

19. 就本文來看，旁人面對這三個人的互動，做了什麼反應？

參考答案：先是以為他們是好朋友，所以互相開玩笑戲弄對方，沒有人出面相助。直到聽到被害者的哀求聲後才有人協助被害者走下屋瓦。

20. 你認為被害者在何時才發現「他被騙」了？

參考答案：看到歹徒乙「持靴徑奔」時，但他已身在屋瓦之上，無法下去。

21. 承上題，你認為被害者是怎樣的一個人？

參考答案：可能答案：容易相信別人的人、不夠有警覺心的人等。
（請學生從故事情節、人物對話中加以推論）

22. 何處是整篇故事最精采的情節？

參考答案：歹徒乙在「持靴徑奔」之時，因為歹徒終於讓詭計得逞，偷靴成功。

23. 你覺得整個故事情節合不合理？若是合理，請找出兩個理由。若不合理，也請找出兩個理由。

參考答案：

(1)合理。因為現實生活中，就有人曾經因類似原因被人騙過。

(2)不合理。除非那個人的靴子真的很值錢，否則為何會有人要大費周章地來騙他的靴子。

（可引導學生進行討論）

24. 你認為兩個歹徒能夠「偷靴」成功的原因是什麼？

參考答案：兩個歹徒能神色自若地接近被害者，並成功讓被害者卸下心防，一步步掉進他們的陷阱中。

25. 請試著想出讓人脫靴的合理理由。

參考答案：例如：靴子溼了、靴子裡有小石子、指責他人穿錯靴、要修靴等。

26. 如果你遇到故事中「詐騙」的情境，要怎麼做才不會上當？

參考答案：例如：要保持「警覺心」、找自己認識的人來幫忙、錢財不露白等。

27.請依據本文畫出心智圖（必須包含人物、故事情節）。

參考答案

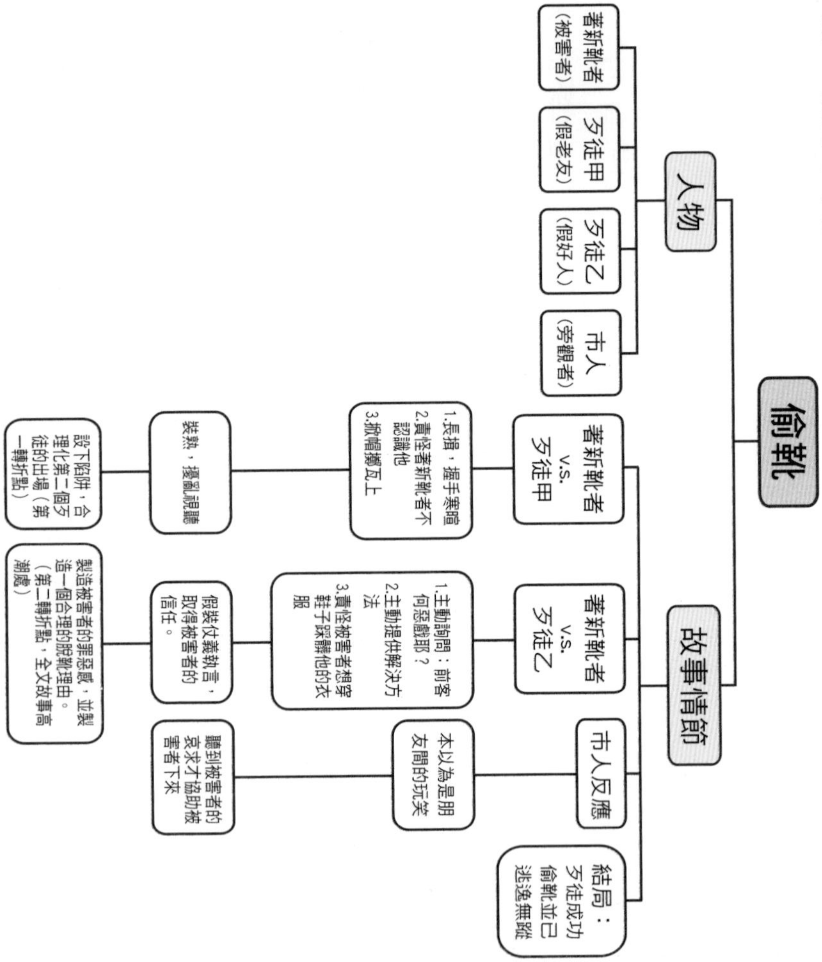

28. 請分享你曾經聽過的「詐騙」手法及故事。

■參考答案：（開放性答案。）

【如何朗讀】

見附錄。

◎附錄：廣播劇本舉例

（旁白：一個萬里無雲的夏日中午，在熱鬧的街市中，有一個人顯得特別引人注目，他正是這個村子裡最喜歡炫耀的鄭家少爺鄭郝片。這天，他走路顯得特別奇怪，哦！原來他穿了一雙bling bling的新靴子。）

鄭郝片：今天一定要穿新靴子到街上晃晃，免得大家看不到！

（旁白：這時，有一個人像是看見老朋友似的，快速地走向鄭家少爺）

歹徒一：呦！這不是我的老朋友嗎？怎麼見了面也不打聲招呼？

鄭郝片：咦？這位兄台，我認識你嗎？

歹徒一：呦！還穿著新靴呢！不會吧！難道是你發達了，就翻臉不認人了？

（旁白：鄭家少爺看著這個看起來有點熟悉的陌生人，實在想不起來他究竟是誰，就在這個時候，那人卻以迅雷不及掩耳的速度把鄭家少爺的帽子拿走，並且順手一拋，拋到屋瓦上面去了）

鄭郝片：ㄟ……ㄟ……你怎麼……啊！我的帽子！

歹徒一：哈哈哈……（聲音漸小）

（旁白：那奇怪的人一溜煙就不見蹤影，只留下鄭家少爺一臉錯愕地待在原地）

鄭郝片：唉！今天該不會是十三號星期五吧？怎麼遇到一個亂發酒瘋的人呀！真是的……。

（旁白：這時的街市人來人往，沒有人想去管鄭家少爺的閒事，大家都覺得一定是鄭家少爺的狐群狗黨們在胡鬧罷了！只有一個人，默默地從鄭家少爺背後走出來）

歹徒二：這位兄台，剛剛那個人怎麼亂丟你的帽子，實在太無禮了。

鄭郝片：對啊！對啊！（像找到救星一般）

歹徒二：小弟沒有別的嗜好，就喜歡「路見不平，拔刀相助」。這樣好了，我來想個方法幫你，不然，你的頭會被晒傷，也不是我樂意見到的呀！這……我想到了，不如，我的肩膀借你踏，你踩上去拿你的帽子吧？

鄭郝片：這……這不會太麻煩你了？

歹徒二：不會不會，我可是這個村子裡最熱心助人的人呢！一點也不麻煩。

鄭郝片：那我就恭敬不如從命了……。

（旁白：正當鄭郝片準備踩在恩人肩膀上時，這個人突然轉過身來生氣地說……）

歹徒二：等……一……下！不會吧！你就這樣踩上去喔？這可是我母親當年在我上京趕考時「臨行密密縫」的衣服，你就這樣踩上去喔？這太過分了，你珍惜你的帽子，就可以不珍惜我的衣服了嗎？

鄭郝片：啊……這真是我的不對，真是太對不起你了，你這麼好心要幫我，我感謝都來不及了，這是我的疏忽、我的疏忽。我脫靴子吧！這樣就不會踩髒你的衣服了。

歹徒二：這還差不多。

（旁白：於是，鄭家少爺就脫了靴，踩著那人的肩，爬上屋頂了）

鄭郝片：耶！我找到我的帽子了，哇！這屋瓦還真燙，趕快下去才對！

（旁白：正當鄭家少爺往下找恩公的肩膀時，只看到那個人拿了他的新靴，頭也不回地直接跑走了。）

鄭郝片：不……會……吧！恩公！恩公！你去哪兒呀！啊！我的靴子被他偷走了，原來……原來……我被騙了！救命啊！誰來救救我呀！我有懼高症呀！

（旁白：就在鄭家少爺不斷地哀嚎後，終於有人發現鄭家少爺是被騙了，趕緊找梯子讓他下來，只不過，當他好不容易爬下來時，那人已經逃逸無蹤了。）

（教學設計者：林麗芳）

差不多先生傳

作者：胡適

【課文】

你知道中國最有名的人是誰？提起此人，人人皆曉，處處聞名，他姓差，名不多，是各省各縣各村人氏。你一定見過他，一定聽過別人談起他，差不多先生的名字，天天掛在大家的口頭，因為他是中國全國人的代表。

差不多先生的相貌，和你和我都差不多。他有一雙眼睛，但看得不很清楚；有兩隻耳朵，但聽得不很分明；有鼻子和嘴，但他對於氣味和口味都不很講究；他的腦子也不小，但他的記性卻不很精明，他的思想也不細密。

他常常說：「凡事只要差不多，就好了。何必太精明呢？」

他小時候，媽媽叫他去買紅糖，他買了白糖回來，媽媽罵他，他搖搖頭道：「紅糖，白糖，不是差不多嗎？」

他在學堂的時候，先生問他：「直隸省的西邊是哪一省？」他說是陝西。先生說：「錯了，是山西，不是陝西。」他說：「陝西同山西，不是差不多嗎？」

後來他在一個錢鋪裏做夥計；他也會寫，也會算，只是總不會精細；十字常常寫成千字，千字常常寫成十字。掌櫃的生氣了，常常罵他，他只笑嘻嘻地賠小心道：「千字比十字多一小撇，不是差不多嗎？」

有一天，他為了一件要緊的事，要搭火車到上海去，他從從容容地走到火車站，遲了兩分鐘，火車已開走了。他白瞪著眼，望著遠遠的火車上的煤煙，搖搖頭道：「只好明天再走了，今天走同明天走，也還差不多；可是火車公司未免太認真了。八點三十分開，同八點三十二分開，不是差不多嗎？」他一面說，一面慢慢地走回家，心裏總不很明白為甚麼火車不肯等他兩分鐘。

有一天，他忽然得一急病，趕快叫家人去請東街的汪先生。那家人急急忙忙跑去，一時尋不著東街的汪大夫，卻把西街的牛醫王大夫請來了。差不多先生病在床上，知道尋錯了人；但病急了，身上痛苦，心裏焦急，等不得了，心裏想道：「好在王大夫同汪大夫也差不多，讓他試試看罷。」於是這位牛醫王大夫走近床前，用醫牛的法子給差不多先生治病。不上一點鐘，差不多先生就一命嗚呼了。

差不多先生差不多要死的時候，一口氣斷斷續續地說道：「活人同死人也差……差……差……不多，……凡事只要……差……差……不多……就……好了，何……必……太……太認真呢？」他說完了這句格言，就絕了氣。

他死後，大家都很稱讚差不多先生樣樣事情看得破，想得通；大家都說他一生不肯認真，不肯算帳，不肯計較，真是一位有德行的人。於是大家給他取個死後的法號，叫他做圓通大師。

他的名譽愈傳愈遠，愈久愈大，無數無數的人，都學他的榜樣，於是人人都成了一個差不多先生。——然而中國從此就成了一個懶人國了。

【學習目標】

1. 了解作者塑造人物特性的意涵。
2. 熟悉本文的故事營造與寫作內涵。
3. 能夠針對課文相關問題加以思辨。

【提問設計】

1. 這一課的題目該怎麼讀？為什麼要這樣讀？
2. 從題目來看，請說說這一篇文章屬於什麼文類？需要具備哪些要素？
3. 你知道哪一些人物傳記作品？
4. 承上題，說一說其中哪一本傳記作品使你印象深刻。
5. 朗讀本文時，哪些字詞的讀音是你比較不確定的？
6. 這一課有哪些字詞的意義是你比較不了解的？
7. 閱讀完本文，請試著用自己的話，說一說差不多先生有哪些故事。
8. 說一說這篇文章和你以前讀過的人物傳記有什麼不同？
9. 承上題，請設想作者這樣安排的原因是什麼，說說你的看法。
10. 請說一說本文舉了哪些例子來說明差不多先生的生活？那是一種怎樣的生活態度？
11. 承上題，你贊成這樣的生活態度嗎？為什麼？
12. 請試著模仿差不多先生生前說的最後一句話的語氣和表情。

13. 請說明本文中社會大眾對於差不多先生的評價。
14. 承上題，請說一說身為讀者的你對差不多先生的評價。
15. 你認為怎樣的人可被稱為「圓通大師」？文中的差不多先生符合這樣的稱呼嗎？
16. 命名大競賽：如果是你，會幫差不多先生取怎樣的「稱號」呢？
17. 最後作者提到「然而中國從此就成了一個懶人國了」，請說一說作者使用「然而」的用意。
18. 閱讀完本文後，請說一說作者為什麼要虛構一個這樣的人物。
19. 除了「差不多」，請舉出其他意思相近的詞彙。
20. 請說一說，在生活中，我們也容易犯了跟差不多先生一樣的哪些毛病？
21. 請具體說出自己要如何做，才能避免也成為「差不多先生」或「差不多小姐」。
22. 請依據本文畫出心智圖。

【教學流程】

1. 教師在黑板上寫下課題後，提出第1個問題。
2. 依據提問設計，自第2題開始，逐一提出問題。
3. 以美讀方式示範朗讀課文，說明朗讀的注意事項。
4. 再以領讀方式引導學生朗讀課文。
5. 等待學生回答之後，適度說明或補充。

教學叮嚀

1. 教師宜針對問題，多方設想學生可能提出的答案，思考如何應變與引導。
2. 提問後宜耐心等待學生回答，若無人回應，可引導或指定學生回答問題。
3. 學生回答問題時，除了內容，教師宜注意學生的語態和表達方式。
4. 教師面對學生天馬行空的答案時，須將答案聚焦於本課問題上。

提問說明

1. 這一課的題目該怎麼讀？為什麼要這樣讀？

參考答案

(1)「差」不多先生傳：重點放在「差」字上，因為「差」這個字有很多讀音。
(2)「差不多」先生傳：重點放在「差不多」一詞，因為這是本文主人翁的名字。
(3)「差不多先生」傳：重點放在「差不多先生」一詞，因為這是說明大家是如何稱呼他。
(4)差不多先生「傳」：重點放在「傳」字上，因為這是一篇描寫人物事蹟的傳記。

2. 從題目來看，請說說這一篇文章屬於什麼文類？需要具備哪些要素？

參考答案

(1)「差不多先生傳」從題目看來是屬於「人物傳記」。

(2)人物傳記除了記下人物的出生時間、地點，以及什麼時候去世等等基本資料，更重要的是交代人物生活的時代背景、人物個性，有沒有特別的習慣或是嗜好等等。或者記錄人物成名的過程、人物成名的原因、人物成名前後的作為或影響等。

3. 你知道哪一些人物傳記作品？

參考答案 《法布爾》、《海倫凱勒傳》、《居禮夫人傳》、《謝坤山的故事》、《愛迪生傳》、《孔子傳》、《牛頓傳》等等。

4. 承上題，說一說其中哪一本傳記作品使你印象深刻。

參考答案 如：《謝坤山的故事》介紹臺灣知名口足畫家謝坤山的故事。謝坤山先生在十六歲那年因為一場觸電的意外，讓他失去了雙手和一隻腳，但他不因此自暴自棄，反而樂觀面對未來的生活。靠著不認輸的毅力，終於讓他成為臺灣家喻戶曉的口足畫家，而他也四處演講鼓勵大家不要被命運打倒。看完這本書，我很佩服他，也希望自己能學習他不輕易放棄的精神。

5.朗讀本文時，哪些字詞的讀音是你比較不確定的？

■ 參考答案

差	讀音	舉例
	ㄔㄚ（一字多音將ㄔㄚˋ併讀為ㄔㄚ）	差不多、差別、差距、差強人意
	ㄔㄞ	差遣、信差、郵差、欽差
	ㄘ	參差不齊
	ㄘㄨㄛ（限讀）	限於「景差」（人名。戰國時楚人）一詞。

※相近字延伸

字形	字音	舉例
陝	ㄕㄢˇ	陝西
陜	ㄒㄧㄚˊ	通「狹」（請教師提醒同學字形的差別）
狹	ㄒㄧㄚˊ	狹窄、狹隘
浹	ㄐㄧㄚˊ	汗流浹背

6. 這一課有哪些字詞的意義是你比較不了解的？

參考答案：

(1)直隸省：河北省的舊名。
(2)錢鋪：舊式的銀行，又稱錢莊，多由私人經營。鋪，音ㄆㄨˋ。
(3)夥計：商店中雇用的人。
(4)掌櫃的：總管店務的人。
(5)賠小心：對人恭敬謙虛的道歉。
(6)從從容容：不慌不忙的樣子。從，音ㄘㄨㄥ。
(7)白瞪著眼：只能張大眼睛看，意指毫無辦法。白，徒然。
(8)不上：不到。
(9)一命嗚呼：意指死了。「嗚呼」是祭文中表示悲哀的感嘆詞，故借做「人死」的意思。
(10)格言：可以作為法則的名言。格，標準、法則。
(11)法號：佛教徒受戒時取的名字或死後所加的名號。
(12)圓通大師：指智慧圓融、通達事理的高僧。這裡有諷刺的意味。

7. 閱讀完本文，請試著用自己的話，說一說差不多先生有哪些故事。

參考答案：如：差不多先生從小做事就很隨便，有一次媽媽要他買紅糖，他卻買成白糖，而他也不覺得這有什麼不對。在學校上課時，對於地名「陝西」和「山西」，他也覺得沒什麼差別。長大後去工作時，應該要使用精準的數字，他覺得「千字」和「十字」差不多，其實數字相去甚遠。自己生病了，家人找醫牛的醫生來醫治他，他竟覺得反正都是醫生，沒什麼差別。最後，告訴別人「凡事只要差不多就好了，何必太認真？」，就這樣去世了。

8.說一說這篇文章和你以前讀過的人物傳記有什麼不同？

參考答案 如：以前讀過的人物傳記大部分都是古今名人，文章大多會清楚地介紹名人的詳細背景資料及生平故事。但作者在介紹「差不多先生」時，卻未具體說明他的出生背景，只說他是「各省各縣各村人氏」，是全中國家喻戶曉的人物。令人懷疑到底有沒有「差不多先生」這個人。

9.承上題，請設想作者這樣安排的原因是什麼，說說你的看法。

參考答案 作者想強調每個人或多或少都會犯了像「差不多先生」一樣的毛病，所以他想藉由長相、言行舉止和你我都相近的人物，作為他說明道理的媒介。

10.請說一說本文舉了哪些例子來說明差不多先生的生活？那是一種怎樣的生活態度？

參考答案

(1)買糖（把「紅糖」買成「白糖」）。

(2)上課學習（把「山西」寫成「陝西」）。

(3)工作記帳（「十字」、「千字」不分）。
(4)搭火車（抱怨火車太準時開了）。
(5)生病時（找牛醫來醫人）。
(6)死前遺言（死人和活人差不多）。
這是一種過於隨便、草率、散漫的生活態度。

11.承上題，你贊成這樣的生活態度嗎？為什麼？

參考答案：

贊成：人生本來就不要給自己太多壓力，凡事也不用要求太多，輕鬆面對就可以了。

反對：這樣的生活態度太過隨便，容易造成自己和別人的困擾，有些事情還是不能得過且過。

教師可鼓勵學生就不同角度作答，有些錯誤觀念可做澄清引導。

12.請試著模仿差不多先生生前說的最後一句話的語氣和表情。

參考答案：「活人同死人也差……差……差……不多，……凡事只要……差……差……不多……就……好了，何……必……太……太認真呢？」：因為差不多先生是用最後一口氣說的，因此要以說話斷斷續續、虛弱的語氣來說出這句話。

13. **請說明本文中社會大眾對於差不多先生的評價。**

參考答案 大家都很稱讚差不多先生樣樣事情看得破，想得通；大家都說他一生不肯認真，不肯算帳，不肯計較，真是一位有德行的人。於是大家給他取個死後的法號，叫他做「圓通大師」。而且很多人都以他為榜樣，於是人人都成了一個差不多先生。

14. **承上題，請說一說身為讀者的你對差不多先生的評價。**

參考答案 生活中很多事情，該準確的還是要準確，像找醫牛的來醫人，這就有些危險了。作者提出這些例子和後人對他的評價，就是要凸顯當時國人不肯「實事求是」、做事馬虎、敷衍塞責、是非不分的毛病，希望喚醒國人，革除這樣的生活態度。

15. **你認為怎樣的人可被稱為「圓通大師」？文中的差不多先生符合這樣的稱呼嗎？**

參考答案 所謂的「圓通大師」是指生活不拘小節、做事圓融且很有智慧的人。而差不多先生表面上看起來是這樣的人，但實際上卻是做事沒有原則、生活馬虎隨便的人，並不能稱為「圓通大師」。

16. **命名大競賽：如果是你，會幫差不多先生取怎樣的「稱號」呢？**

參考答案 如：馬虎大師、青菜（隨便）大師、糊塗大師。

17. **最後作者提到「然而中國從此就成了一個懶人國了」，請說一說作者使用「然而」的用意。**

參考答案：這裡點出作者並不認同「差不多先生」的生活哲學，也預告這樣的生活態度會讓國家走向「懶人國」的結果。如果什麼事情都「差不多」就好，不肯確實要求，那國家自然就缺乏競爭力，什麼都做不成，最後就會成為一個「懶人國」了。

18. **閱讀完本文後，請說一說作者為什麼要虛構一個這樣的人物。**

參考答案：依文章來看，差不多先生是作者虛構的人物，他所發生的事也是虛構的。但差不多先生的言行卻是我們每一個人都可能犯的毛病，作者藉用傳記的形式使文章富真實性，目的就是要藉由差不多先生來諷刺國人做事不肯認真、敷衍苟且的通病，希望國人能因本文有所警惕和改正。

19. **除了「差不多」，請舉出其他意思相近的詞彙。**

參考答案：如：隨便、都可以、大概可以、沒意見、又沒差等。

20. **請說一說，在生活中，我們也容易犯了跟差不多先生一樣的哪些毛病？**

參考答案：如：常回答「沒意見」——表示自己沒有主見。常回答「又沒差」——表示自己做事沒有原則。常回答「等一下」——表示自己沒有時間概念。

21. **請具體說出自己要如何做，才能避免也成為「差不多先生」或「差不多小姐」。**

參考答案　如：考試、寫作業要認真作答，不可以抱著隨便、差不多的心態。跟別人約定時間時，要準時，不可以抱著「差五分鐘」也沒關係的心態。

22. **請依據本文畫出心智圖。**

參考答案

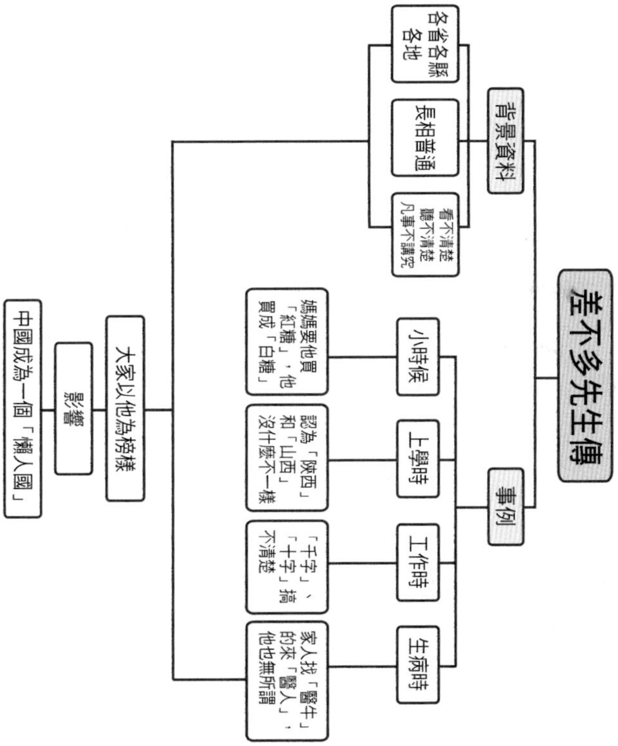

（教學設計者：林麗芳）

筆記頁

筆記頁

筆記頁

國家圖書館出版品預行編目資料

非問不可：提升口語表達能力的課文提問教學
／潘麗珠等著. -- 初版. -- 臺北市：五南，
2013.04
　面；　公分
ISBN 978-957-11-6991-0（平裝附光碟片）

1.漢語教學　2.口語傳播　3.中等教育

524.311　　　　102000692

非問不可：提升口語表達能力的課文提問教學

總策畫　潘麗珠
總編輯　王翠華
執行主編　黃文瓊
編輯　吳雨潔　盧文心
封面設計　吳佳臻
版型設計　菩薩蠻數位有限公司

出版者　五南圖書出版股份有限公司
發行人　楊榮川
地址：台北市大安區106
和平東路二段三三九號四樓
電話：〇二－二七〇五五〇六六（代表號）
傳真：〇二－二七〇六六一〇〇
郵政劃撥：〇一〇六八九五－三
網址：http://www.wunan.com.tw
電子信箱：wunan@wunan.com.tw

顧問　林勝安律師事務所　林勝安律師

版刷　中華民國一〇二年四月初版一刷
中華民國一〇四年十月初版二刷

定價　二八〇元